1210/45

Thomas Brezina

Tolle Experimente

Entdecken, erforschen, experimentieren

Thomas Brezina

Tolle Experimente
Entdecken, erforschen, experimentieren

Ravensburger Buchverlag

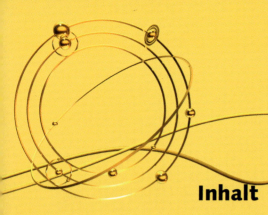

Inhalt

Vorwort   **6**

Wunder der Natur   **7**

Vorsicht, Schluckauf!   **8**

Wie alt ist eigentlich „steinalt"?   **10**

Können Pflanzen schwitzen?   **11**

Betrunkene Blumen   **12**

Riesige Dickhäuter   **14**

Ratten – besser als ihr Ruf!   **16**

Respektable Riesenschildkröten   **18**

Im Labor   **19**

Wild gewordenes Wackelbild   **20**

Eigenwillige Plastikflasche   **22**

Kann man auf Luftballons stehen?   **24**

Löcher im Tiefkühlbeutel   **25**

Verknotete Wasserstrahlen   **26**

Schwebende Pingpongbälle   **28**

Können Eierschalen schwimmen?   **29**

Was passiert im Vakuum?   **30**

Verwandle Milch in Butter!   **32**

Wie viel Sauerstoff ist in der Luft?   **33**

Geheimnisvoller Unterwasserrauch   **34**

Schlangenbeschwörung   **35**

Kann man auf rohen Eiern laufen?   **36**

Magischer Wassertransport   **38**

Wie viel Wasser passt in ein Glas?   **39**

Da hast du Töne!   **40**

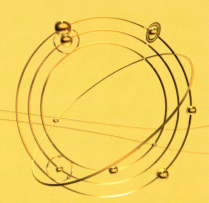

In der Werkstatt   41
Blitzschnelles Luftkissenfahrzeug   42
Magische Papierwindmühle   44
Löschkanone zum Kerzenauspusten   46
Kunterbunte Papierseerosen   48
Glas- und Wassertropfenlupe   50

Unterwegs durch Raum und Zeit   51
Mit Ritter Thomas im Mittelalter   52
Gibt es eigentlich Einhörner?   56
Wie sahen Uhren früher aus?   57
Geht dir ein Licht auf?   58
Leben im Rokoko – Luxus, ja oder nein?   60

Spiel und Spaß für zu Hause   61
Störrische Spaghetti   62
Unzertrennliche Büroklammern   63
Orange wandert durch Briefmarke!   64
Kann man ein rohes Ei schälen?   66
Merkwürdige Mühlesteine   67
Gurken sind echt der Hammer!   68
Bezauberndes Becher-Ballett   70
Der magische Malpinsel   71
Die Befreiung der Knöpfe   72
Verwirrung der Gefühle   74

Anhang   75
Blitz-Quiz: Lösungen   76
Register   78
Impressum   80

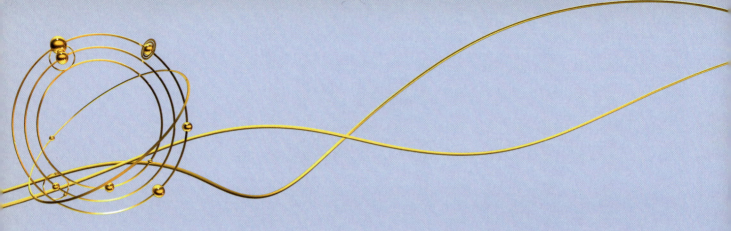

An alle Forscher und Entdecker!

Bei den Fahrten mit dem FORSCHEREXPRESS machen Kati und ich oft große Augen angesichts der kleinen und großen Wunder, auf die wir stoßen. Wenn wir Experimente zum ersten Mal ausprobieren, bleibt uns oft vor Überraschung der Mund offen stehen.

Viele haben sich ein Buch mit Anleitungen zu den Experimenten und Berichten über unsere Entdeckungen gewünscht. Ihr haltet es nun in den Händen. Jetzt könnt ihr vieles von dem, was wir untersucht und erlebt haben, nachlesen und nachmachen. Außerdem gibt es zahlreiche zusätzliche Informationen und Tipps.

Viel Spaß beim Experimentieren und Forschen! Ein Tipp: Klappt etwas nicht auf Anhieb, versucht es noch einmal. Auch bei uns gehen manche Versuche beim ersten Anlauf schief. Aber echte Forscher lassen sich davon nicht unterkriegen.

Ihr werdet staunen und viel Spaß haben.

Bleibt immer neugierig und stellt alle Fragen, auf die ihr Antworten möchtet. Vielleicht entdeckt ihr eines Tages Pflanzen oder Tiere, die vor euch noch niemand gesehen hat. Oder ihr werdet die ersten Raumfahrer, die zum Mars unterwegs sind.
Wer weiß …

Beste Grüße und gutes Gelingen

Thomas Brezina

Wunder der Natur

Vorsicht, Schluckauf!

Kann man essen und trinken, wenn man auf dem Kopf steht? Was meinst du? Am besten, du probierst es einfach mal aus!

DU BRAUCHST:
- Etwas zu essen, z. B. ein Stück Kuchen
- Etwas zu trinken, z. B. ein Glas Limonade
- Strohhalm

1 Wenn wir schlucken, wandert das Essen oder das Getränk nach unten in den Magen, weil wegen der Schwerkraft alles nach unten fällt. Und im Kopfstand?

2 Halte ein Getränk mit einem Strohhalm bereit und lass dir von einem Erwachsenen in den Kopfstand helfen – am besten gegen eine Wand.

BLITZ-QUIZ
Bei welchem Tier kann man die Funktion der Speiseröhre besonders gut beobachten?

3 Du wirst merken, dass du auch im Kopfstand schlucken kannst. Was wir essen und trinken, „fällt" also nicht nur in den Magen hinunter.

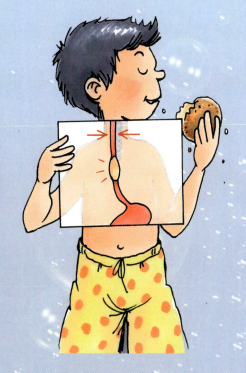

ACHTUNG!
Mach den Versuch nur mit einem Getränk oder mit einem weichen Stück Kuchen, damit du dich im Kopfstand nicht aus Versehen verschluckst! Und zwar am besten vor den Mahlzeiten.

4 Die Flüssigkeit gelangt durch das Schlucken vom Mund in die Kehle und von dort aus in die Speiseröhre. Nahrung wie Kuchen müssen wir erst kauen, um sie hinunterschlucken zu können.

5 Die Speiseröhre ist ein Schlauch, der aus lauter kräftigen Muskeln besteht. Beim Schlucken zieht er sich zusammen und befördert die Nahrung in den Magen.

SCHON GEWUSST?
Auch im Kopfstand funktioniert die Speiseröhre. Wenn man schluckt, wird der Kuchen oder das Getränk durch die Bewegungen der Speiseröhre zum Magen transportiert. Aber diesmal einfach in die andere Richtung, nämlich nach oben.

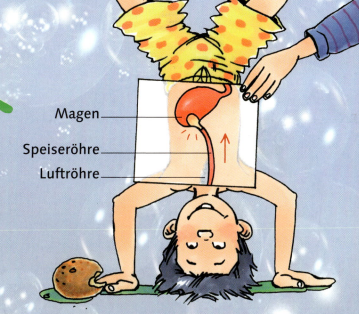

Magen
Speiseröhre
Luftröhre

Wie alt ist eigentlich „steinalt"?

Steinalt – der Begriff kommt nicht von ungefähr. Doch wie alt sind Steine wirklich? Und auf welche Weise entstanden sie?

DU BRAUCHST:
- Verschiedene Steine
- Meißel, Messer oder Spatel

AHA!

Marmor ist ein stark gepresster Kalkstein. Er entstand durch großen Druck, weil viele Gesteinsschichten darüber gelagert waren.

1 Such dir einen Stein und sieh ihn dir einmal genau an. Versuche mit einem Meißel daran zu kratzen. Wenn der Stein bröselt, ist es Sandstein, eine eher weiche Sorte. Er besteht aus Sandkörnern, die von einem Fluss angeschwemmt wurden. Als das stark kalkhaltige Wasser verdunstete, wurden die Körner zu festem Stein verkittet.

2 Kalkstein ist etwas härter. In manchen Steinen findet man Einlagerungen wie Muscheln, Fische oder andere Meereslebewesen. Diese versteinerten Überreste von Tieren werden Fossilien genannt. Da die meisten nur in einem bestimmten Erdzeitalter lebten und dann ausstarben, kann man sehr genau bestimmen, wie alt die Steine sind.

BLITZ-QUIZ

Wie heißt der berühmte Urvogel, dessen Fossil 1861 im bayerischen Solnhofen entdeckt wurde?

3 Bei anderen Steinen kann man das Alter an ihrer radioaktiven Strahlung ablesen. Diese Strahlung kann man weder sehen, riechen noch schmecken. Aber Wissenschaftler können sie mit einem Gerät messen. So ein Stein kann unter Umständen 350 Millionen Jahre alt sein! Das ist in der Tat steinalt – findest du nicht?

Können Pflanzen schwitzen?

Wenn uns heiß wird, schwitzen wir. So geben wir überschüssige Wärme ab und halten die Hitze besser aus. Können Pflanzen das auch?

1 Stülpe den Tiefkühlbeutel vorsichtig über einen Zweig mit Blättern. Binde ihn mit einem Stück Schnur zu. Achte darauf, dass noch etwas Luft in der Tüte bleibt.

2 Nach einiger Zeit kannst du beobachten, dass die Tüte von innen beschlägt: Es haben sich lauter kleine Wassertropfen gebildet, die aus den Blättern kommen.

DU BRAUCHST:
- Kleinen Tiefkühlbeutel
- Schnur
- Topfpflanze mit Blättern

AHA!
Kakteen geben keine Feuchtigkeit ab, sondern speichern sie.

BLITZ-QUIZ
Wo gibt es Bäume, die besonders viel Wasser abgeben können?

SCHON GEWUSST?

Jedes Blatt verfügt über winzige Poren, über die Wasserdampf abgegeben wird. Die Blätter bestehen zum größten Teil aus Wasser. In ihnen herrscht eine Luftfeuchtigkeit von 100%. Je trockener die Außenluft ist, desto stärker schwitzt die Pflanze.

Betrunkene Blumen

Blumen und Pflanzen brauchen Wasser, um zu wachsen. Aber wie „trinkt" eigentlich eine Blume?

DU BRAUCHST:

- Blumen mit weißen Blüten. Besonders gut eignen sich Rosen und Nelken
- Glas mit etwas Wasser
- Farbige Tinte
- Pipette
- Scharfes Messer

ACHTUNG!

Normale Malfarben funktionieren nicht – bitte unbedingt Tinte nehmen!

1 Als Erstes kürzt du den Stängel der Blume mit dem Messer auf maximal 10 cm Länge. Pass auf, dass du dich dabei nicht schneidest. Wenn du unsicher bist, solltest du einen Erwachsenen um Hilfe bitten.

2 Jetzt saugst du etwas Tinte mit der Pipette auf und tropfst sie in das Wasserglas. Wenn du keine Pipette hast, nimmst du einfach eine Füllerpatrone und drückst ein paar Tropfen daraus in das Glas.

TIPP!

Wenn du ganz geschickt bist, kannst du den Stiel sogar in drei Teile spalten und mit drei Gläsern und drei Tintenfarben auch eine dreifarbige Blume herstellen! Das ist ein tolles Geschenk – sogar für Thomas!

3 Nun stellst du eine Blume in dein Wasserglas. Nach einigen Stunden ist die Blüte blau geworden!

AHA!

Normalerweise färben wir Pflanzen nicht ein, sondern gewinnen aus den Pflanzen selbst Farbstoffe. Du kennst das bestimmt vom Ostereierfärben: Spinat ergibt Grün, Rote Beete Lila und das arabische Gewürz Kurkuma Gelb.

4 Du kannst auch eine zweifarbige Blüte herstellen! Dazu nimmst du wieder eine weiße Blume und spaltest ihren Stiel bis knapp unter die Blüte. Eine Hälfte des Stiels kommt in ein Glas mit roter, die andere in ein Glas mit blauer Tinte. Jetzt heißt es wieder ein paar Stunden warten, und danach ist deine Blüte zweifarbig! Jede Stielhälfte versorgt einen anderen Teil der Blüte mit Flüssigkeit.

BLITZ-QUIZ

Wie nennt man die haarfeinen Kanäle in Blumenstängeln fachsprachlich?

SCHON GEWUSST?

Dass die Tinte in die Blüte gelangt, ist nur möglich, weil sich im Blumenstängel haarfeine Kanäle befinden. Sie leiten Wasser und Nährstoffe von den Wurzeln nach oben – und diesmal eben auch Tinte! Während der größte Teil des Wassers durch winzige Poren ausgeschieden wird, lagern sich die Farbstoffe in den Blütenblättern ab und sorgen für atemberaubende Effekte.

Riesige Dickhäuter

Elefanten sind die größten lebenden Landtiere der Welt. Ein einziges Tier kann bis zu 6000 Kilogramm wiegen!

BLITZ-QUIZ

Welche Tiere sind nach den Elefanten die größten Landlebewesen?

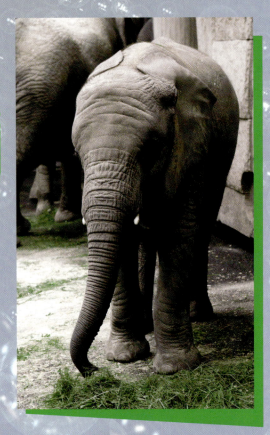

1 Ein Mensch wiegt bei der Geburt etwa 4 Kilogramm. Und ein zwei Monate altes Baby trinkt pro Tag ungefähr einen Liter Muttermilch. Ein gleichaltriges Elefantenbaby dagegen bringt etwa 110 Kilogramm auf die Waage und braucht 10 Liter Milch am Tag!

2 Ein erwachsener Elefant kann bis zu 6000 Kilogramm wiegen, das entspricht dem Gewicht von sechs Autos! Diese Masse muss erst einmal getragen und bewegt werden – klar, dass so ein Elefant besonders schwere und stabile Knochen benötigt!

DASS ELEFANTEN ANGST VOR MÄUSEN HABEN...

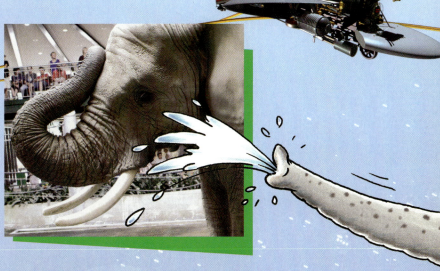

3 Der Elefantenfuß ist breit und gut gepolstert. Damit sie wegen ihres großen Gewichts nicht im Sand oder Schlamm einsinken, haben die Elefanten riesige Fußsohlen. Wissenschaftler haben herausgefunden, dass sich die Tiere durch Aufstampfen mit Artgenossen unterhalten können, die viele Kilometer weit weg sind.

4 Eine besondere Erfindung der Natur ist der Rüssel. Er besteht aus Oberlippe und Nase, die zusammengewachsen sind.
In ihm stecken 42 000 Muskelbündel! Der Elefant atmet durch den Rüssel, verwendet ihn aber nicht als Strohhalm. Elefanten saugen zwar Wasser damit, spritzen es sich dann jedoch ins Maul!

AHA!

Über Leute, die sich gut erinnern können, sagt man manchmal, sie hätten ein Gedächtnis wie ein Elefant. Tatsächlich können sich Elefanten sehr gut Feinde, aber auch Futterplätze merken.

5 Die großen Ohren dienen weniger dazu, dass das Tier besser hört. Sie regulieren die Körpertemperatur. Da Elefanten nicht schwitzen können, kühlen sie den Körper mithilfe der Ohren.
Das Blut fließt in Blutgefäßen, die sehr dicht unter der Haut liegen. Wenn Elefanten mit den Ohren wedeln, kühlen sie das Blut ab.

6 Elefantenhaut ist an empfindlichen Stellen bis zu drei Zentimeter dick, an anderen wiederum papierdünn. Die wenigen Haare fühlen sich ganz schön drahtig an! Die Schneidezähne des Elefanten sind zu langen Stoßzähnen gewachsen. Aus diesem Elfenbein kann man Schmuck machen. Deshalb wurden die Elefanten fast ausgerottet.

STIMMT WOHL DOCH NICHT!

Ratten – besser als ihr Ruf!

Viele Menschen ekeln sich vor Ratten – sie gelten als schmutzige Tiere, die Krankheiten übertragen. Stimmt das denn?

AHA!
Ratten sind richtige Feinschmecker! Sie fressen gern Trockenfutter mit Sonnenblumenkernen oder Mais, aber auch Gemüse wie Salat, Gurken oder Obst. Doch ihre Lieblingsspeise ist Käse.

1 Ratten haben sich ihren schlechten Ruf im Mittelalter erworben. Damals wütete in vielen Städten die Pest. Zu jener Zeit gab es weder Abwasserkanäle noch Müllabfuhr. Mist und Unrat wurden einfach auf die Straßen geworfen.

2 Wegen des Mülls gab es in den Straßen viele Ratten. In ihrem Fell tummelte sich Ungeziefer, vor allem Flöhe. Der Pestfloh übertrug die todbringende Krankheit. Er saß auch auf anderen Tieren. Die Ratten waren also nicht allein schuld.

3 Was weiß man heute über Ratten? Sie leben in Bauten oder unterirdischen Höhlen, sind gute Kletterer und schlüpfen noch durch die engsten Löcher. Außerdem sind sie ausgezeichnete Schwimmer! Ratten lieben Wasser. Die meisten leben in der Kanalisation der Städte.

4 Der Rattenschwanz sieht nackt aus, ist aber leicht behaart und ganz weich. Er ist sehr wichtig, da Ratten nicht schwitzen können und die überschüssige Wärme über den Schwanz abgeben müssen. Außerdem brauchen sie ihn zum Klettern und Springen.

BLITZ-QUIZ
Wie orientieren sich Ratten im Dunkeln?

5 Wenn du mit dem Gedanken spielst, dir eine Ratte als Haustier anzuschaffen, solltest du darauf achten, dass sie aus einer guten Zucht kommt. Ist ihr Fell sauber? Sind ihre Augen blank und glänzend? Der Käfig muss groß und hoch sein und dem Tier genügend Klettermöglichkeiten bieten. Außerdem braucht es je eine Schüssel für Wasser und Futter, einen Salzleckstein und ein Kistchen als Rattenklo.

6 Stell den Käfig auf einen Tisch und nicht auf den Boden. So hat die neugierige Ratte einen guten Überblick über ihre Umgebung und kann sich sicher fühlen. Denn alles, was von oben kommt, betrachtet die Ratte als Gefahr. Die Nager sind äußerst zutraulich und sehr gelehrig. Du kannst ihnen sogar einiges beibringen, zum Beispiel auf ihren Namen zu hören und Geräusche zu erkennen.

Respektable Riesenschildkröten

Kaum zu glauben, aber Riesenschildkröten gab es schon vor 200 Millionen Jahren. Heute sieht man sie nur noch selten.

AHA!

Auf den Seychellen haben die Riesenschildkröten eine ganz besondere Methode entwickelt, um sich in den wenigen Schattenplätzen vor der Sonne zu schützen: Sie legen sich unter Felsvorsprüngen oder Büschen einfach übereinander!

1 Riesenschildkröten gibt es nur noch auf den Seychellen und auf den Galapagosinseln. Dort sind sie nicht von Feinden wie Raubtieren oder Ratten bedroht.
Die Riesenschildkröten können sich nicht gut verteidigen. Kein Wunder, denn sie wiegen durchschnittlich 250 Kilogramm – so viel wie ein großes Motorrad!

2 Die Seychellen-Riesenschildkröte frisst Pflanzen und an Land gespülte Fische. Und sie kann durch die Nase trinken!
In ihrer Heimat gibt es nur wenig Trinkwasser. Um noch die letzten Tröpfchen aus den Felsritzen zu bekommen, saugt die Riesenschildkröte das Wasser einfach durch die Nase auf.

BLITZ-QUIZ

Wie alt können Riesenschildkröten werden?

3 Die Schildkröten auf den Galapagosinseln versorgen sich mit Flüssigkeit, indem sie das saftige Fruchtfleisch von stacheligen Kakteen fressen, in dem viel Wasser gespeichert ist. Ihr Maul ist so hart, dass ihnen die dornigen Kaktusstacheln nichts ausmachen.

Im Labor

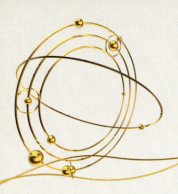

Wild gewordenes Wackelbild

Bei diesem Zauberbild sieht man von jeder Seite ein anderes Motiv. Der Trick dabei: Es besteht eigentlich aus zwei Bildern!

DU BRAUCHST:
- 2 gleich große Bilder mit unterschiedlichen Motiven, z. B. Ansichtskarten
- Karton oder dickes Papier in doppelter Breite eines Bildes
- Lineal
- Bleistift
- Klebstoff
- Bastelmesser
- Holzplatte oder stabilen Karton

1 Als Erstes überprüfst du, ob der Karton genau doppelt so breit ist wie deine Bildmotive. Dann unterteilst du ihn in gleich große Längsstreifen. Achte darauf, dass die Streifen eine gerade Zahl ergeben. Wenn deine Bildmotive je 20 cm breit sind, brauchst du einen 40 cm breiten Karton, den du in 40 Streifen unterteilst. Die Streifen auf der Kartonvorder- und -rückseite einzeichnen.

2 Jetzt muss der Karton wie eine Ziehharmonika gefalzt werden. Dafür ritzt du mit dem Bastelmesser die erste markierte Linie ein, dann die dritte, die fünfte usw.
Dreh den Karton um. Dort ritzt du jeweils die zweite, vierte, sechste Linie usw. ein.
Wenn du alle Linien geritzt hast, kannst du den Karton ganz leicht zu einer Ziehharmonika falten. Danach schneidest du beide Bilder in Streifen, die genauso breit sind wie die auf deinem Karton.

3 Klebe den ersten Streifen des ersten Bildes auf den ersten Kartonstreifen. Dann lässt du einen Kartonstreifen frei und beklebst den übernächsten mit dem zweiten Streifen des ersten Bildes. So fährst du fort, bis alle Streifen des ersten Bildes gleichmäßig über den ganzen Karton verteilt sind.
In die noch freien Zwischenräume klebst du die Streifen des zweiten Bildes. Von oben betrachtet kannst du jetzt keines der Motive richtig erkennen.

BLITZ-QUIZ
Wo kann man diese Art von Bildern noch entdecken?

4 Nun brauchst du das ziehharmonikaartig gefaltete Bild nur noch auf eine Holzplatte oder einen dicken Karton zu kleben. Je nachdem, ob du das Zauberbild von links oder von rechts betrachtest, zeigt es zwei verschiedene Motive.

SCHON GEWUSST?

Erfunden wurden solche Wackelbilder Anfang des 20. Jahrhunderts in Frankreich. Als in den 1960er-Jahren neue transparente Kunststoffe entwickelt wurden, gab es die ersten so genannten Linsenraster-Postkarten, die je nach Betrachtungswinkel unterschiedliche Bilder zeigten.

Eigenwillige Plastikflasche

Eine Plastikflasche zu zerdrücken, ist kinderleicht. Spannend wird es erst, wenn man das beherrscht, ohne sie anzufassen. Wie das geht, siehst du hier!

DU BRAUCHST:
- Leere Plastikflasche
- Heißes Wasser
- Handschuhe

1 Zuerst setzt du einen Wasserkessel mit einem Liter Wasser auf den Herd und bringst es zum Kochen. Zieh Handschuhe an, denn jetzt sollst du das heiße Wasser in die leere Plastikflasche füllen. Pass auf, dass nichts danebengeht! Am besten, du lässt dir von einem Erwachsenen helfen.

2 Lass das heiße Wasser eine Weile in der Flasche. Wenn sich diese richtig aufgewärmt hat, gießt du es wieder aus. Auch hier bitte die Handschuhe nicht vergessen, damit du dich nicht verbrennst! Achte darauf, dass anschließend wirklich kein Wasser mehr in der Flasche ist!

3 Warte einige Sekunden und schraube dann den Verschluss ganz fest auf die Plastikflasche. Jetzt kannst du beobachten, was mit der Flasche passiert: Wie von Zauberhand wird sie zusammengedrückt, ohne dass du sie berührt hast! Hast du auch eine Erklärung für dieses merkwürdige Phänomen?

BLITZ-QUIZ
Wie nennt man es, wenn keine Luft mehr in der Flasche ist?

4 Dass die Flasche zusammengedrückt wird, liegt an der darin enthaltenen Luft: Zuerst wurde die Flasche mit heißem Wasser aufgewärmt. Dadurch hat sich die Luft in der Flasche ausgedehnt, brauchte mehr Platz und ist oben durch die Öffnung entwichen. Trotzdem ist der Luftdruck inner- und außerhalb der Flasche genau gleich.

5 Doch dann hast du den Verschluss darauf geschraubt. Mit der Zeit kühlt die Luft in der Flasche wieder ab und zieht sich währenddessen zusammen. Das führt dazu, dass jetzt plötzlich zu wenig Luft in der Flasche ist. Und das hat natürlich auch wieder Auswirkungen auf den Luftdruck innerhalb der Flasche.

6 Der Luftdruck in der Flasche ist kleiner als außerhalb. Da keine Luft mehr nachströmen kann, führt der Luftdruck von außen dazu, dass die Flasche zusammengedrückt wird.

Kann man auf Luftballons stehen?

Wie, das glaubst du nicht? Mit dem auf dieser Seite gezeigten Trick kannst du jede Wette eingehen, dass es klappt!

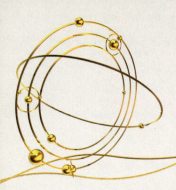

DU BRAUCHST:
- Einige Luftballons
- Brett

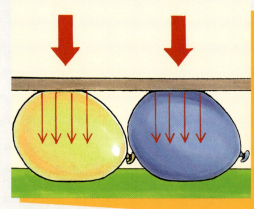

1 Blase die Luftballons auf, aber bitte nicht zu stark: Sie dürfen nicht ganz prall sein. Was passiert, wenn du jetzt versuchst auf einem einzigen Ballon zu stehen? Peng – genau! Der Ballon zerplatzt. Das ist also nicht möglich.

2 Doch jetzt kommt der Trick: Leg mehrere Luftballons auf den Boden und darauf das Brett. Wir haben eine Plexiglasplatte verwendet, damit man besser durchsehen kann. Bitte keine scharfkantige Glasplatte verwenden!

BLITZ-QUIZ

Wo kann man den Effekt der gleichmäßigen Druckverteilung im Alltag beobachten?

SCHON GEWUSST?

Ein einzelner Ballon kann dem Druck des Körpergewichts nicht standhalten. Das Brett verteilt das Körpergewicht. Weil der Druck an keiner Stelle zu groß ist, kann man auf den Ballons stehen.

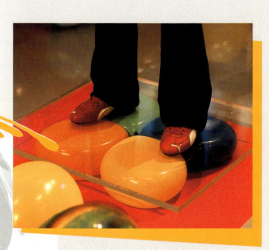

3 Nun kannst du dich auf das Brett und die Ballons stellen!

Löcher im Tiefkühlbeutel

Wetten, dass wir einen mit Wasser gefüllten Tiefkühlbeutel durchlöchern können, ohne dass Wasser verloren geht?

DU BRAUCHST:
- Tiefkühlbeutel aus dehnbarem Plastik
- Einige gut gespitzte, runde Buntstifte
- Wasser

1 Als Erstes füllst du den Tiefkühlbeutel mit Wasser. Halte ihn dabei ganz oben fest. Vielleicht kannst du ja noch jemanden um Hilfe bitten, der den Beutel von unten stützt. Damit nichts schief geht und du nicht die ganze Wohnung unter Wasser setzt, machst du das Experiment am besten über dem Spülbecken.

2 Jetzt geht's los: Bohr einen Buntstift durch das Plastik, bis er auf der anderen Seite wieder herauskommt. Und, was passiert? Merkwürdigerweise rinnt kein Wasser aus dem Beutel. Das Plastik legt sich nämlich wie eine wasserdichte Manschette um den Buntstift – so ähnlich wie das Bündchen deines Pullis um dein Handgelenk.

ACHTUNG!
Sechseckige Buntstifte sind für dieses Experiment nicht geeignet.

3 Wie viele Buntstifte kannst du durch den Tiefkühlbeutel bohren, ohne dass er platzt? Unser Rekord waren 25!

BLITZ-QUIZ
Was meinst du? Funktioniert das Experiment auch mit Buntstiften und einem aufgeblasenen Luftballon?

Verknotete Wasserstrahlen

Wollfäden zu verknoten, ist einfach! Aber hast du schon einmal Wasserstrahlen verknotet? Wie das funktioniert, erfährst du hier!

DU BRAUCHST:
- Großen Jogurtbecher (für 0,5 l)
- Nagel
- Hammer

Bei Wollfäden hat man richtig was in der Hand. Aber wie soll man bitte schön Wasser verknoten, das einem zwischen den Fingern zerrinnt?

SCHON GEWUSST?

Wasser besteht aus vielen winzig kleinen Teilchen, den so genannten Wassermolekülen. Diese ziehen sich gegenseitig an wie Magnete, sodass eine Art Wasserhaut entsteht, die die Strahlen zusammenhält. Das ist die Oberflächenspannung des Wassers.

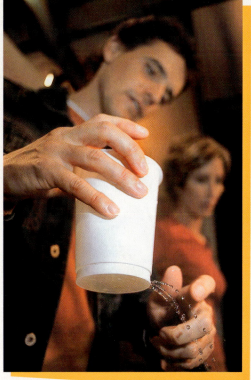

AHA!
Dasselbe Phänomen kannst du auch an einem übervollen Glas Wasser beobachten. Die Oberflächenspannung hält die Wassermoleküle zusammen und kein Tropfen geht verloren.

BLITZ-QUIZ
Wie kann man die Oberflächenspannung von Wasser auflösen?

1 Nimm Hammer und Nagel und schlage drei kleine Löcher in den Becher. Sie sollten dicht über dem Becherboden sitzen und ungefähr je einen halben Zentimeter voneinander entfernt sein.

2 Halte den Becher übers Spülbecken oder die Badewanne und fülle ihn bis obenhin mit Wasser. Durch die Löcher sprudeln drei Wasserstrahlen in hohem Bogen aus dem Becher.

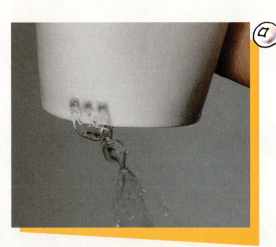

3 Jetzt kannst du die Wasserstrahlen verknoten: Drücke sie einfach mit den Fingern zusammen. Um sie wieder zu trennen, streichst du mit dem Finger dicht an den Öffnungen entlang. Wahnsinn, was?

KNOTEN GELÖST!

Schwebende Pingpongbälle

Pingpongbälle schweben wie verzaubert durch die Luft. Ist das Zauberei oder reine Physik? Finde es heraus!

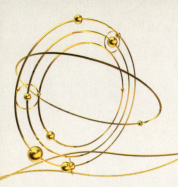

DU BRAUCHST:
- Föhn
- Staubsaugerrohr
- Pingpongball oder Styroporkugel

AHA!

Der Physiker Daniel Bernoulli hat vor mehr als 200 Jahren herausgefunden, dass der Druck in Flüssigkeiten und Gasen geringer wird, je schneller die Flüssigkeit oder das Gas strömt.

BLITZ-QUIZ

Aus welchem federleichten Material bestehen eigentlich Pingpongbälle?

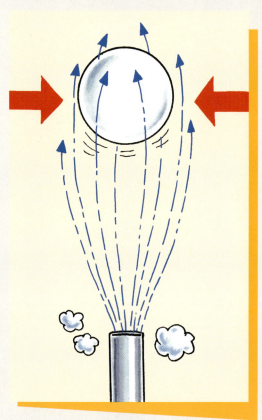

1 Stecke das Rohr auf den Föhn, schalte den Föhn ein und lege den Pingpongball vorsichtig auf den Luftstrom. Der Ball schwebt! Du kannst auch mehrere Bälle gleichzeitig tanzen lassen, sie müssen aber sehr leicht sein.
Richte den Luftstrahl des Föhns auch mal vorsichtig in eine ganz andere Richtung. Erstaunlicherweise fällt der Pingpongball trotzdem nicht herunter! Der Strahl umfängt den Ball und hält ihn oben. Das nennt man das Bernoulli-Prinzip.

2 Wenn Luft in Bewegung gerät, strömt sie. Der Druck in einem solchen Luftstrom ist niedriger als der in der stehenden Luft. Diese drückt von außen gegen den Ball und umhüllt ihn wie ein unsichtbares Rohr.
Sie sorgt dafür, dass sich der Pingpongball nicht von der Stelle rührt und auch weiterhin wie verzaubert in der Luft schwebt – und zwar auch, wenn man den Föhn mit dem aufgesteckten Staubsaugerrohr deutlich zur Seite neigt.

28

Können Eierschalen schwimmen?

Kommt ganz darauf an. Eine Hälfte schwimmt und die andere geht unter. Aber warum? Hier erfährst du des Rätsels Lösung.

1 Schlage das rohe Ei auf, gib Dotter und Eiweiß in die kleine Schüssel und stelle sie in den Kühlschrank. Daraus kannst du nach dem Versuch leckere Pfannkuchen backen – allerspätestens jedoch am nächsten Tag!

2 Und jetzt geht's los: Tauche zuerst eine Schalenhälfte in das Wasser ein. Gib dann auch die zweite hinzu. Du wirst etwas ganz Merkwürdiges feststellen: Eine Eierschalenhälfte geht unter und die andere schwimmt oben.

DU BRAUCHST:
- Rohes Ei
- Große Schüssel mit Wasser
- Kleine Schüssel

AHA!
Des Rätsels Lösung verbirgt sich im Ei. In einer der Eihälften befindet sich eine Luftblase. Sie sorgt dafür, dass die Schale schwimmt, auch wenn sie mit Wasser gefüllt ist.

BLITZ-QUIZ
Wie kann man alte von frischen Eiern unterscheiden?

Was passiert im Vakuum?

Das Vakuum ist ein fast luftleerer Raum. Hier erfährst du, wie es zustande kommt und was es alles bewirken kann.

BLITZ-QUIZ

Wo im Haushalt findet man ein Vakuum?

1 Mithilfe eines Geräts können Wissenschaftler testen, wie sich Gegenstände im Vakuum verändern. Legt man zum Beispiel einen nur wenig aufgeblasenen Luftballon in so eine Glocke und saugt die Luft aus ihr ab, bläst sich der Ballon ganz von allein auf.

2 Auch in Schokoküssen steckt jede Menge Luft. Wenn man die heiß begehrten Süßigkeiten unter die Vakuumglocke legt und Luft abpumpt, beginnen die Schokoküsse ebenfalls zu wachsen. Hast du irgendeine Vorstellung, warum das so sein könnte?

3 Dass sich die Gegenstände ausdehnen, liegt am Luftdruck, und der ist überall – draußen im Freien, aber auch in geschlossenen Räumen. Ist der Druck inner- und außerhalb des Ballons gleich groß, passiert gar nichts.

4 Pumpt man die Luft ab, wird der Luftdruck um den Ballon immer geringer. Der Luftdruck im Ballon ist also größer als der Außendruck und der Ballon bläst sich wie durch ein Wunder ganz von allein auf.

AHA!

Die Erdanziehungskraft zieht auch die Gasschicht um unseren Planeten an. Der so entstandene Luftdruck drückt auf jeden Quadratzentimeter unserer Haut, und zwar mit dem Gewicht eines Kilogramms. Weil unser Körper einen Gegendruck erzeugt, nehmen wir diesen Druck gar nicht wahr.

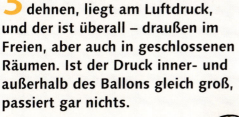

5 Lässt man wieder Luft in die Vakuumglocke, läuft der soeben beschriebene Vorgang genau umgekehrt ab: Der äußere Luftdruck beginnt zu steigen, der Ballon schrumpft!

Verwandle Milch in Butter!

Was gibt es Köstlicheres als frisches Brot mit guter Butter darauf? Hast du gewusst, dass man Butter ganz leicht selbst machen kann?

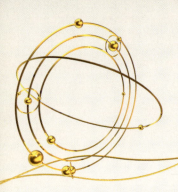

DU BRAUCHST:
- Frische Milch mit hohem Fettgehalt
- Flasche mit Schraubverschluss
- Feines Sieb
- Schüssel

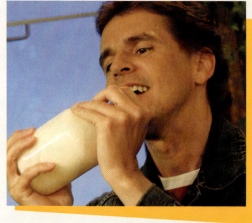

1 Für deine selbst gemachte Butter brauchst du frische Milch mit natürlichem Fettgehalt.
Schau beim Einkaufen genau auf die Verpackung: Der Fettgehalt sollte mindestens 3,5 Prozent betragen. Mit entrahmter oder Magermilch funktioniert unser Experiment nämlich nicht. Irgendwo muss die Butter ja schließlich herkommen!

2 Füll die Flasche halb voll mit Milch. Schraube den Verschluss ganz fest zu und schüttle die Flasche einige Minuten lang kräftig hin und her.
Sei nicht enttäuscht, wenn sich nicht sofort etwas tut. Ein wenig Kondition solltest du schon mitbringen! Und dabei das Lächeln nicht vergessen!

BLITZ-QUIZ
Wie nennt man den Vorgang, bei dem Krankheitserreger in der Rohmilch abgetötet werden?

3 Sobald sich Flocken absetzen, kannst du die Milch durch das Sieb in die Schüssel gießen. Im Sieb bleibt reine Butter hängen, in der Schüssel dagegen sammelt sich Buttermilch. Anders als ihr Name vermuten lässt, besteht sie hauptsächlich aus Wasser, Eiweiß und nur noch aus ganz wenig Fett. Die Buttermilch aus dem Supermarkt darf höchstens ein Prozent Fett enthalten.

Wie viel Sauerstoff ist in der Luft?

Die Luft ist ein Gemisch aus verschiedenen Gasen. Wie viel Sauerstoff sie enthält, zeigt dir dieses kleine Experiment.

DU BRAUCHST:
- Tiefen Teller
- 3 Münzen
- Kerze
- Hohes Glas
- Karaffe mit Wasser
- Tinte oder Lebensmittelfarbe

1 Luft besteht aus Stickstoff, Sauerstoff und einer kleinen Menge an so genannten Edelgasen. Der Anteil an Sauerstoff ist nicht groß, doch für uns ist er überlebenswichtig.
Um ihn nachzuweisen, färbst du das Wasser in der Karaffe mit Tinte oder Lebensmittelfarbe ein, damit man es besser erkennen kann.

2 Tropfe die Kerze mit ein bisschen Wachs auf dem Teller fest. Lege die drei Münzen im Dreieck auf den Teller. Stülpe zur Probe das Glas darüber. Achte darauf, dass die Kerze nicht oben am Glasboden anstößt!
Jetzt etwas gefärbtes Wasser in den Teller gießen, die Kerze anzünden und das Glas darüber stülpen.

3 Noch ist Sauerstoff im Glas, sodass die Kerze weiterbrennt. Ist der Sauerstoff verbraucht, erlischt sie.
Anschließend kühlt sich die Luft im Glas ab, sodass ein Unterdruck entsteht und Wasser in das Glas hineingesaugt wird. Jetzt ist es genau zu einem Fünftel mit Wasser gefüllt. Dieses Experiment beweist, dass unsere Luft nur zu einem kleinen Teil aus Sauerstoff besteht.

BLITZ-QUIZ
Drei Dinge müssen vorhanden sein, um Feuer zu machen. Welche sind das?

Geheimnisvoller Unterwasserrauch

Wie kann man unter Wasser Rauch erzeugen? Dazu musst du kein Feuer machen, sondern nur mit Wasser und Tinte umgehen können.

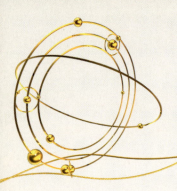

DU BRAUCHST:
- Gurkenglas oder Glasvase
- Leeres Tintenfläschchen mit Schraubverschluss
- Tinte
- Knetmasse
- Langen, dünnen Draht

AHA!
Wird der Verschluss des Tintenfläschchens entfernt, dehnt sich das warme, eingefärbte Wasser aus wie warme Luft.

BLITZ-QUIZ
Welches Tier produziert solchen „Unterwasserrauch"?

1 Als Erstes füllst du das leere Gurkenglas oder die Glasvase mit kaltem Wasser. Anschließend gibst du in das leere Tintenfläschchen heißes Wasser und etwas farbige Tinte.

2 Aus der Knetmasse formst du einen Kegel, in den du unten den Verschluss des Fläschchens und oben den langen Draht einarbeitest. Er muss später noch über den Rand des Gurkenglases hinausreichen.

3 Versenke das mit dem Knetmassekegel lose verschlossene Tintenfläschchen vorsichtig im Gurkenglas. Drücke den Verschluss gut auf das Fläschchen, denn zum jetzigen Zeitpunkt soll so wenig Tinte wie möglich austreten. Das Fläschchen steht stabil auf dem Boden des Gurkenglases oder der Glasvase.
Jetzt ziehst du den Knetmassekegel behutsam samt dem Verschluss an dem langen Draht nach oben. Sobald sich der Verschluss von dem Tintenfläschchen löst, beginnt es unter Wasser zu rauchen!

Schlangenbeschwörung

Manchmal stehen einem die Haare wie elektrisiert vom Kopf ab. Mithilfe der Elektrostatik kannst du sogar Schlangen beschwören ...

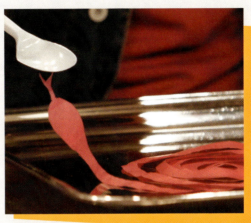

1 Zunächst einmal musst du aus dem Seidenpapier eine kreisförmige Spirale ausschneiden. Die so entstandene Schlange legst du auf ein Blechtablett. Reibe den Plastiklöffel an einem Tuch ...

2 ... und nähere ihn der Papierschlange. Der negativ geladene Löffel lässt die Schlange tanzen. Erst hebt sie vorsichtig den Kopf. Und schon bist du auf dem besten Weg zum Schlangenbeschwörer!

3 Auch wenn du den Löffel höher hebst, folgt dir die Schlange gehorsam. Wie diese Beschwörung funktioniert? Der Plastiklöffel gibt negative Teilchen an die Seidenpapierschlange ab. Das führt dazu, dass sie wieder abgestoßen wird. Doch weil die Papierschlange die negativen Teilchen ihrerseits an das Blechtablett weitergibt, wird sie erneut vom Löffel angezogen. Damit deine Vorführung als Schlangenbeschwörer gelingt, musst du also unbedingt ein Blechtablett verwenden. Sonst kann dir die Elektrostatik nicht helfen ...

DU BRAUCHST:

- Luftballon
- Tuch
- Seidenpapier
- Schere
- Blechtablett
- Plastiklöffel

AHA!

Alle Teilchen, aus denen unsere Welt besteht, sind positiv oder negativ geladen. Zwei positiv oder zwei negativ geladene Teilchen stoßen sich ab. Ein positiv und ein negativ geladenes Teilchen ziehen sich an.

BLITZ-QUIZ

Wie heißen die Teilchen fachsprachlich?

Kann man auf rohen Eiern laufen?

Warum ist ein Ei eigentlich oval und nicht eckig? Und wie viel Gewicht halten scheinbar leicht zerbrechliche Eierschalen aus?

DU BRAUCHST:
- Rohe Eier
- 2 Lineale
- Bleistift
- Nagelschere
- Klebeband
- Kleines Brett
- 1 Netz Kartoffeln (etwa 1,5 kg)
- Evtl. Ziegelstein
- Evtl. Hammer

1 Für dieses Experiment brauchst du mehrere halbe, gleich hohe Eierschalen mit einem glatten Rand. Um sie herzustellen, legst du die beiden Lineale im rechten Winkel auf den Tisch. Nimm ein rohes Ei und lege es mit dem stumpfen Ende in den Winkel. Dann machst du bei 2,5 Zentimetern eine Markierung mit dem Bleistift.

2 Umwickle das Ei auf Höhe der Markierung ringsum mit Klebeband. Schlage das Ei vorsichtig an einem Ende auf und gib den Inhalt in eine Schüssel.
Schneide mit der Nagelschere in den Klebestreifen. Jetzt kannst du die Eierschalen auf Höhe der Markierung abschneiden, sodass sie einen glatten Rand haben.

3 Bereite das zweite Ei genauso vor. Für unseren Versuch benötigst du mindestens vier gleich hohe Eierschalen mit einem glatten Rand. Wir haben gleich mehrere als Reserve angefertigt. Schließlich kann es sein, dass durch das Experiment einige zu Bruch gehen. Lege die Schalen mit dem glatten Rand auf den Tisch und darüber das kleine Brett. Nun kannst du ausprobieren, wie viel Gewicht die Eier aushalten.

4 Und, was meinst du? Können vier läppische Eierschalen das Gewicht von einem ganzen Netz Kartoffeln tragen? Das sind immerhin um die 1,5 Kilogramm. Wie sich herausstellt, ist das kein Problem!

5 Wenn du einen Ziegelstein zur Verfügung hast oder einen richtig schweren Hammer, kannst du auch diese auf das Brett legen. Wer hätte das gedacht: Die zarten Eierschalen halten auch das aus.

AHA!
Straußeneier sind besonders hart. Junge Straußenküken besitzen allerdings keinen Eizahn: Die Küken sind so stark, dass sie die Schale von innen sprengen können.

BLITZ-QUIZ
Wer hat von der stabilen Form des Eis gelernt?

6 Auf rohen Straußeneiern könnte man vielleicht sogar laufen ...

SCHON GEWUSST?
Eier haben eine ovale Form, weil diese ihnen die größte Festigkeit verleiht. Aber wenn Eierschalen so hart sind – wie können dann die kleinen Küken ausschlüpfen? Sie zerbrechen leichter, wenn von innen dagegengeschlagen wird. Außerdem besitzt das Küken oben am Schnabel einen so genannten Eizahn, mit dem es die Schale aufstößt.

Magischer Wassertransport

Sobald eine Flasche ein Loch hat, rinnt Flüssigkeit heraus. Wie ist es dann möglich, Wasser in einer löchrigen Flasche zu transportieren?

DU BRAUCHST:
- Plastikflasche mit Schraubverschluss
- Schraubenzieher
- Wasser

1 Bohre mit dem Schraubenzieher zwei Löcher in die Flasche. Sie sollten sich direkt über dem Flaschenboden befinden. Halte die Flasche über das Waschbecken oder die Badewanne. Fülle Wasser in die Flasche. Was passiert? Ganz klar, es rinnt aus den Löchern.

2 Schraube nun, während das Wasser ausläuft, den Verschluss auf die Flasche. Mit einem Mal läuft kein Wasser mehr heraus. Warum? Da keine Luft nachströmen kann, entsteht im Flascheninnern ein Unterdruck. Er hält das Wasser in der Flasche fest.

BLITZ-QUIZ

Welches Tier nutzt Unterdruck, um sich festzuhalten?

ERSCHWERTE TESTBEDINGUNGEN!

Wie viel Wasser passt in ein Glas?

Kann man seinen Augen immer trauen? Dieses Experiment beweist, dass sie uns manchmal ganz schön an der Nase herumführen!

DU BRAUCHST:
- 5 Gläser, die nach oben breiter werden
- 5 Flüssigkeiten in verschiedenen Farben (oder unterschiedlich gefärbtes Wasser)

AHA!
Unser Auge lässt sich sehr leicht täuschen. Die Menge, die sich im unteren, schmaleren Teil des Glases befindet, ist genauso groß wie die oben im kürzeren, breiten Teil.

1 Fülle die Gläser der Reihe nach mit den verschiedenen Flüssigkeiten, und zwar wie folgt: Ein Glas füllst du nur zu einem Fünftel, das zweite zu zwei Fünfteln, das dritte zu drei Fünfteln und das vierte zu vier Fünfteln. Erst das fünfte schenkst du ganz normal voll.

2 Nun rate, wie viel Flüssigkeit man noch in das zu vier Fünfteln gefüllte Glas geben muss, damit es randvoll ist? Wenn du es ausprobierst, wirst du staunen, dass es das voll gefüllte Glas ist, dessen Inhalt noch in das bereits zu vier Fünfteln gefüllte passt.

BLITZ-QUIZ
Warum erscheinen uns waagerechte Linien kürzer als senkrechte?

Da hast du Töne!

Glocken haben einen wundervollen, satten Klang – meinst du, er lässt sich auch auf andere Weise erzeugen?

DU BRAUCHST:
- Gabel
- Metallkleiderbügel
- Wollfaden

AHA!
Der Schall wird über den Faden direkt ins Ohr geleitet. Der Faden filtert die harten Töne heraus. Weil das Besteck durch die Tischkante ins Schwingen geraten ist, hält der Klang länger an.

BLITZ-QUIZ
Was fliegt schneller als der Schall?

1 Binde einen langen Wollfaden um die Gabel und wickle dir das andere Ende um einen Finger. Der Faden muss unbedingt über die Fingerkuppe laufen. Steck dir den Finger mit dem darum gewickelten Wollfaden ins Ohr. Schlage die Gabel gegen die Tischkante. Hörst du die Glocken klingen? Nimm den Finger wieder aus dem Ohr und vergleiche, wie die Gabel klingt, wenn du sie einfach so gegen die Tischkante schlägst.

2 Du kannst den Versuch auch mit einem einfachen Metallkleiderbügel machen. Befestige einen Wollfaden rechts und links am Kleiderbügel. Wickle die Enden um beide Zeigefingerkuppen und steck sie dir in die Ohren. Schlage den Bügel gegen die Tischkante. Ein heller Glockenklang ertönt. Wer hätte gedacht, dass man einem so hässlichen Bügel mehr als nur ein Scheppern entlocken kann?

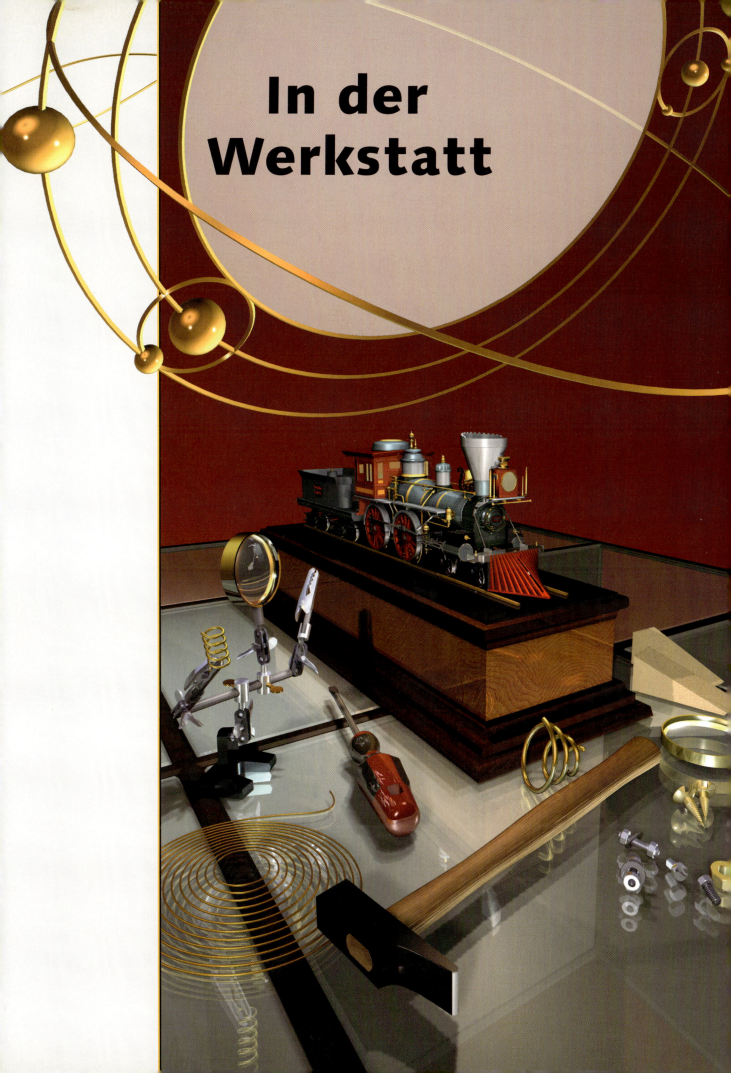
In der Werkstatt

Blitzschnelles Luftkissenfahrzeug

Luftkissenfahrzeuge gleiten mühelos über Wasser und Land. Wie das funktioniert, erfährst du, wenn du dir selbst eines baust.

DU BRAUCHST:
- Luftballon
- CD
- Garnspule
- Alleskleber

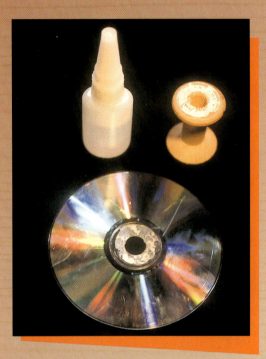

1 Verstreiche etwas Alleskleber um das Loch der CD. Den Klebstoff kurz antrocknen lassen und die Garnspule in die Mitte der CD kleben. Das Loch der Garnspule liegt genau über dem der CD.

2 Als Nächstes bläst du den Luftballon fest auf und stülpst ihn über die Garnspule. Fertig ist das Luftkissenfahrzeug! Du musst es sofort lossausen lassen, bevor die ganze Luft entweicht.

3 Danach setzt du das Luftkissenfahrzeug auf eine glatte Fläche – am besten auf einen Spiegel oder eine polierte Marmorplatte. Zur Not funktioniert auch eine ganz normale, glatt lackierte Holztischplatte. Achtung, es fährt gleich los! Pass gut auf, dass es nicht über die Tischkante hinausrast, zu Boden fällt und kaputtgeht!

BLITZ-QUIZ

Zu welchem Zweck verwendet man die größten Luftkissenfahrzeuge?

SCHON GEWUSST?

Wieso kann das Luftkissenfahrzeug so mühelos dahingleiten? Müsste sich die CD nicht an der Spiegel- oder Marmoroberfläche reiben? Normalerweise schon. Aber weil die Luft, die aus dem Ballon entweicht, ein hauchdünnes Kissen zwischen der glatten Oberfläche und der CD bildet, gibt es so gut wie keinen Reibungswiderstand, und dein selbst gebautes Luftkissenfahrzeug zischt ab wie eine Rakete!

43

Magische Papierwindmühle

Diese einfache Windmühle ist schnell gebastelt. Und das Beste daran: Du brauchst nicht mal Wind, um sie in Bewegung zu setzen!

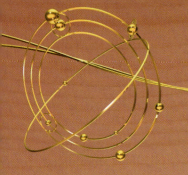

DU BRAUCHST:
- Leere Weinflasche
- Korken
- Knetmasse
- Stecknadel
- Seidenpapier
- Schere
- Lineal

1 Als Erstes schneidest du aus Seidenpapier ein kleines Quadrat aus. Es sollte eine Seitenlänge von ungefähr 5 cm haben. Falte es einmal längs und einmal quer in der Mitte und dann noch zweimal diagonal, bis das oben gezeigte Muster entsteht.

2 Nun drehst du das Quadrat um und faltest die sich jeweils gegenüberliegenden Ecken aufeinander. Und jetzt aufgepasst: Mit ein bisschen Fingerspitzengefühl drückst du das dünne Seidenpapier wie oben auf der Abbildung in Form. Schon sieht es aus wie eine ganz einfache Windmühle. Wer will, kann auch ein echtes Windrad bauen.

3 Stecke den Korken auf die leere Weinflasche. Als Nächstes formst du aus der Knetmasse einen kleinen Kegel, den du einfach oben auf den Korken setzt. Achte darauf, dass deine Konstruktion einigermaßen stabil ist. Jetzt musst du nur noch eine Stecknadel in die Kegelspitze stecken. Auf ihr wird sich gleich die Papierwindmühle drehen.

BLITZ-QUIZ
Wie kannst du die Papierwindmühle noch in Bewegung setzen?

4 Setze die Papierwindmühle auf die Stecknadelspitze. Jetzt soll sich die kleine Windmühle natürlich auch drehen – aber bitte ohne dass du sie berührst oder mit Pusten nachhilfst. Im Raum darf auch kein Luftzug herrschen. Die Türen und Fenster im Zimmer sollten also geschlossen sein. Na, hast du schon eine Idee?

5 Ganz einfach: Reibe deine Hände ganz fest aneinander, bis sie richtig warm geworden sind, und halte sie direkt unter deine Papierwindmühle. Siehst du, wie sie sich dreht?

SCHON GEWUSST? Von den warmen Händen steigt warme Luft auf. Sie versetzt deine Papierwindmühle auf magische Weise in Bewegung.

Löschkanone zum Kerzenauspusten

Eine Kerze kann man auf viele Arten löschen: Aber diese hier ist ganz besonders originell und das Werkzeug dazu komplett selbst gebaut.

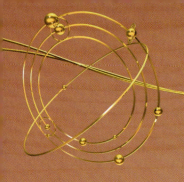

DU BRAUCHST:
- Konservendose
- Dosenöffner
- Luftballon
- Hammer
- Nagel
- Schere
- Kerze

SPART PUSTE!

Mit so einer selbst gebastelten Kerzenauspuste-Dose, wie Thomas sie uns gerade vorführt, kannst du all deine Freunde beeindrucken.

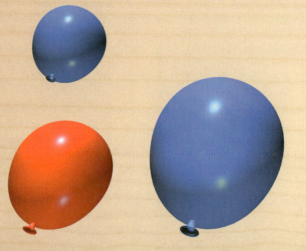

1. **Entferne den Deckel vollständig** von der Konservendose und wasche die Dose gut aus. Pass auf, dass oben kein scharfer Rand zurückbleibt. Schlag mit Hammer und Nagel ein Loch in die Mitte des Dosenbodens.

2. **Jetzt kommt der Luftballon ins Spiel.** Um ihn auf seinen Einsatz vorzubereiten, schneidest du etwa zwei Drittel seiner Kappe ab. Wie viel du genau abschneiden musst, hängt von der Größe deiner Konservendose ab.

3. **Spann die abgeschnittene Ballonkappe** straff über die offene Seite der Dose.

4. **Zünde die Kerze an.** Halte die Dose mit der Lochseite davor und zupfe am Ballon: Im Nu ist die Flamme erloschen.

SCHON GEWUSST? Aus der Dose kommt nicht einfach ein Luftstoß, sondern ein Luftwirbel. Die Kerzenflamme wird also eher ausgewirbelt als ausgepustet!

Kunterbunte Papierseerosen

Seerosen sind wunderschöne Pflanzen. Diese selbst gebastelten aus Papier können sogar ihre Blüten öffnen!

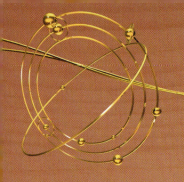

DU BRAUCHST:
- Grünes, saugfähiges Zeichenpapier
- Bleistift
- Schere
- Buntes Krepppapier

1 Zeichne große Blüten mit fünf Blättern auf das grüne Papier. Schneide die Blüten aus. Falte die Blütenblätter zur Mitte, sodass sie hochstehen. Bei größeren Blüten solltest du mit dem Bleistift Löcher in die Spitzen bohren, damit später Wasser in das Innere gelangen kann.

BLITZ-QUIZ

Wie nehmen Seerosen, im Gegensatz zu anderen Pflanzen, Wasser auf?

2 Schneide Quadrate aus Kreppapier aus. Falte sie einmal längs und einmal quer, um den Mittelpunkt zu bekommen. Lege die vier Ecken zum Mittelpunkt. Anschließend faltest du die neu entstandenen Ecken erneut zum Mittelpunkt.

3 Dreh die Quadrate um. Falte auch hier wieder die Ecken zweimal in Richtung Mitte. Noch kunstvoller wird das bunte Kreppapier-Innenleben deiner selbst gebastelten Seerosen, wenn du die Ecken ein weiteres Mal umbiegst.

SCHON GEWUSST?

4 Nun musst du die fertig geformten Innenteile nur noch in die grünen Blütenblätter hineinlegen. Achte darauf, dass die Seerosen gut geschlossen sind, wenn du sie jetzt in ein Waschbecken oder in die Badewanne setzt. Lass sie einfach eine Weile im Wasser schwimmen und hab etwas Geduld. Was passiert? Die grünen Blütenblätter öffnen sich und die Seerosen blühen auf – ganz wie ihre Vorbilder in der freien Natur!

Papier besteht aus Fasern. Wenn das Papier gefaltet wird, werden auch die Fasern geknickt und bleiben in dieser Position. Doch sobald das Papier nass wird, verhalten sich die Fasern genauso wie ein Gartenschlauch, in den Wasser schießt: Sie quellen auf und strecken sich wieder! Das lässt deine Seerosen aufblühen.

Glas- und Wassertropfenlupe

Mit einer Lupe kannst du winzigste Buchstaben entziffern. Zwei einfache Versionen kannst du dir in Sekundenschnelle selbst anfertigen.

DU BRAUCHST:
- Feste, transparente Plastikfolie
- Wasser
- Schere
- Zeitung
- Weinglas
- Schwarzen Karton
- Stecknadel

BLITZ-QUIZ
Wo wird das Licht auch gebrochen?

1 So baust du dir die Wassertropfenlupe: Schneide ein kleines Stück aus der transparenten Plastikfolie heraus. Setze einen möglichst großen Wassertropfen darauf. Aber Achtung: Der Tropfen darf nicht auf der Folie zerfließen, sondern muss schön rund darauf sitzen bleiben. Hebe die Folie vorsichtig an und halte sie über die Zeitung. Durch den Wassertropfen kannst du die Buchstaben vergrößert sehen und selbst klein Gedrucktes mühelos lesen.

2 Noch einfacher funktioniert das mithilfe der Wasserglaslupe: Dafür musst du nur ein ganz normales Weinglas mit Wasser füllen. Je bauchiger das Weinglas ist, desto besser funktioniert deine selbst gebaute Lupe: Überzeuge dich selbst und halte die Zeitung hinter das Glas – die Buchstaben sind stark vergrößert. Und nicht nur die Buchstaben ...

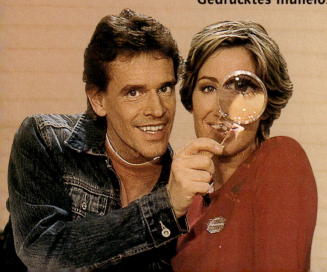

SCHON GEWUSST?
Das Licht wird durch den Wassertropfen bzw. das Weinglas „gebrochen" – wie man fachsprachlich sagt – und schon siehst du das, was dahinter liegt, stark vergrößert!

Mit Ritter Thomas im Mittelalter

Tolle Burgen und Ritter in klirrenden Rüstungen – was weißt du sonst noch über das Mittelalter? Wie und was hat man gegessen?

1 Sehr fein ging es zu Zeiten der Ritter bei Tisch nicht zu. Das Essen wurde in großen Schüsseln serviert. Damals gab es noch keine Gabeln, sondern nur einfache Messer und Löffel aus Holz. Man aß also überwiegend mit den Händen. Ein Speiseservice kannte man auch nicht – als Teller dienten Brotscheiben. Und Servietten? Von wegen: Man wischte den Mund einfach mit dem Ärmel ab!

2 Die Fleischberge wurden mit lautem Schmatzen und Rülpsen vertilgt. Die abgenagten Knochen landeten einfach wieder in der Schüssel oder auf dem Tisch.

3 Mit Wasser oder Wein wurde das Essen hinuntergespült – und es war auch nicht ungewöhnlich, dass man zum Abschluss oft noch in die Schüssel spuckte.

AHA!

Ritter sollten Tapferkeit, Höflichkeit und Ehrlichkeit verkörpern. Aber gute Tischmanieren besaßen sie nicht, denn sonst würde man in den damaligen Benimmfibeln nicht folgende Regeln finden:
- „Sauf nicht wie ein Vieh!"
- „Gebrauche die Kleidung nicht zum Schnäuzen!"
- „Lautes Schmatzen ist unfein!"
- „Werfe angebissenes Essen und Knochen nicht zurück in die Schüssel, sondern unter den Tisch!"
- „Stochere nicht mit dem Messer zwischen den Zähnen herum."

4 Um Fleischfasern und andere Essensreste aus den Zahnzwischenräumen zu bekommen, stocherte man ungeniert vor allen anderen Tischgenossen mit dem Messer im Mund herum.

Was kam bei den Rittern auf den Tisch?

1 Grundnahrungsmittel waren Brot, Käse und Gemüse wie gekochte Rüben oder Bohnen. Bei Festbanketten wurde viel Fleisch gegessen. Das konnte sich natürlich nur der reiche Adel leisten, zu dem auch die Ritter gehörten. Das einfache Volk lebte damals hauptsächlich von zu Brei verkochtem Getreide.

2 Kühlschränke gab es zu jener Zeit natürlich noch nicht. Man nutzte andere Methoden, um Lebensmittel haltbar zu machen. Fisch wurde in Salz eingelegt, Fleisch getrocknet und aus Milch machte man Käse. Trotzdem müssen die Speisen ziemlich streng gerochen haben. Das übertünchte man mit scharfen Gewürzen.

3 Zucker zum Süßen gab es anfangs auch noch nicht. Stattdessen verwendete man Honig, den man sogar übers Fleisch gab. Sogar Wein wurde damals aus Honig hergestellt, der so genannte Met.

4 Hunger litten die reichen Burgherren und Ritter nicht gerade. Bei Hof war es durchaus üblich, dass mehr als zehn Gänge aufgetragen wurden. Doch weil man damals so viel Fleisch aß und wenig Obst und Hülsenfrüchte, enthielt die Nahrung aus heutiger Sicht zu wenig Vitamine und Ballaststoffe.

SCHON GEWUSST?

Die Ritter liebten buntes Essen. Sie verwendeten zum Beispiel den Saft von roten Rüben, um die Speisen rot zu färben. Mit Safran wurden die Speisen schön gelb, den gibt man ja auch heute noch in den Reis oder in den Kuchen. Und Kräuter würzten nicht nur die Speisen, sondern färbten sie auch grün.

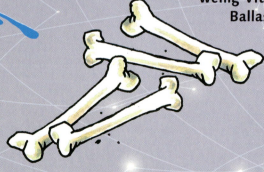

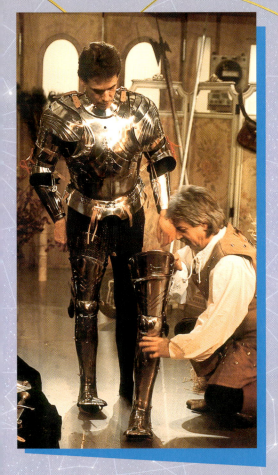

Die Ritterrüstung

1 Die Ritter trugen glänzende Rüstungen aus Eisenplatten, die sie bei Angriffen vor Verletzungen schützen sollten. Armbrustpfeile konnten jedoch sogar Rüstungen durchbohren und den Ritter verwunden. Das Anlegen der einzelnen Teile war ziemlich kompliziert und allein nicht zu schaffen. Knappen halfen den Rittern dabei.

2 Die Rüstung war Maßarbeit. Sie wurde dem Ritter richtig auf den Leib geschmiedet. Er hatte schwer daran zu tragen: 30 Kilogramm wog eine Rüstung im Schnitt. Wenigstens konnte man Finger und Daumen bewegen und die Beine leicht anwinkeln. Aber wenn der Ritter mal umfiel, konnte er ohne Hilfe kaum mehr aufstehen.

AHA!
Einige Redewendungen stammen von mittelalterlichen Ritterturnieren. Zum Beispiel:
- „Den Spieß umdrehen" = einen Gegenangriff starten
- „Sich aus dem Staub machen" = sich vom verstaubten Turnierplatz entfernen
- „Für jemanden eine Lanze brechen" = sich für jemanden einsetzen
- „Jemandem unter die Arme greifen" = einem Ritter dabei helfen, nach einem Sturz wieder aufzustehen

SCHON GEWUSST? Eitel waren die Ritter auch: Im späten Mittelalter ließen sie ihre Rüstungen reich verzieren. Sogar der Faltenwurf der damaligen Mode wurde aus Eisen nachgebildet!

Gibt es eigentlich Einhörner?

Einhörner tauchen oft im Märchen auf. Es sind geheimnisvolle Tiere, die tief im Wald leben sollen. Aber gibt es sie wirklich?

AHA!

Wie es zu den Legenden um das Einhorn kam, wissen wir nicht. Aber wahrscheinlich hat man früher nach starken Stürmen solche Zähne am Strand gefunden und sie für das Horn von Einhörnern gehalten.

BLITZ-QUIZ

Besitzen alle Narwale so einen Zahn?

1 Das Einhorn ist das Symbol für Ehrlichkeit und Reinheit und gilt außerdem als Beschützer der Bäume. Es soll so stolz und wild sein, dass es noch keiner lebend gefangen hat. Legendär sind auch seine magischen Kräfte: Mit seinem Horn soll es angeblich tote Tiere zu neuem Leben erwecken und vergiftetes Wasser reinigen können.

2 Das zerriebene Horn galt jahrhundertelang als Wundermittel gegen Krankheit. Deshalb tranken Herrscher früher gern aus kostbaren Hornbechern, die man noch heute im Museum bewundern kann. Sie wollten sich davor schützen, von Widersachern vergiftet zu werden. Aber heißt das, dass es wirklich Einhörner gibt oder gegeben hat?

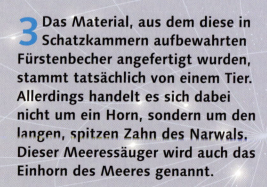

3 Das Material, aus dem diese in Schatzkammern aufbewahrten Fürstenbecher angefertigt wurden, stammt tatsächlich von einem Tier. Allerdings handelt es sich dabei nicht um ein Horn, sondern um den langen, spitzen Zahn des Narwals. Dieser Meeressäuger wird auch das Einhorn des Meeres genannt.

Wie sahen Uhren früher aus?

Heute reicht ein Blick auf die Uhr und wir wissen, wie spät es ist. Aber wie las man eigentlich früher die Zeit ab?

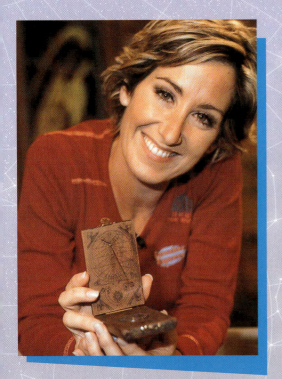

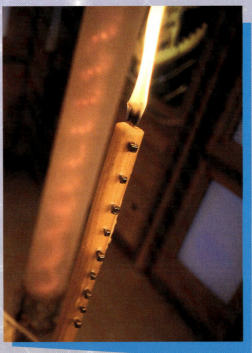

AHA!
Die Uhrwerke in den großen Turmuhren werden durch riesige Gewichte angetrieben. Früher mussten sie von Hand hochgezogen werden, doch heute macht das ein Motor. Das Uhrwerk setzt Zahnräder in Bewegung, die die Zeiger auf dem Zifferblatt weiterbewegen.

1 In der Antike spielte die Sonne für die Zeitmessung eine wichtige Rolle. Schon vor 5000 Jahren entdeckten die alten Ägypter, dass mit der Sonne auch ihr Schatten weiterwandert. Auf einer markierten Tafel zeigte der Schatten eines Stabs an, wie viel Zeit zwischen Sonnenauf- und -untergang vergangen war.
In der Nacht konnte man die Zeit auf diese Weise natürlich nicht messen. Dazu wurden im alten China Wasseruhren verwendet. In eine Schüssel mit markierten Zeiteinheiten rann Wasser. Auch daran konnte man die Zeit ablesen.

2 Im 9. Jahrhundert wurde schließlich eine neue Uhr erfunden: die Kerzenuhr. Sie bestand aus einer hohen Kerze, in die in regelmäßigen Abständen Nägel eingegossen waren. War ein Stück Kerze abgebrannt, fiel ein Eisennagel in den Untersetzer. Am klirrenden Geräusch konnte man hören, dass schon wieder eine halbe Stunde vergangen war!
Erst zwischen dem 13. und 14. Jahrhundert wurden die ersten, mit schweren Gewichten betriebenen mechanischen Uhren erfunden. Bald schmückten sie jeden Kirchturm, um den Menschen die Zeit anzuzeigen.

BLITZ-QUIZ
Warum verkünden eigentlich Kirchturmglocken die Zeit?

Geht dir ein Licht auf?

Licht ist für uns selbstverständlich. Doch hast du dir schon einmal überlegt, wie Menschen früher Licht gemacht haben?

AHA!

Die ersten Zündhölzer oder „Luzifers" hatten einen Kopf aus giftigem weißem Phosphor. Sie konnten an jeder Oberfläche entzündet werden. Heutige Sicherheitsstreichhölzer haben einen Schwefelkopf, der sich an speziellen Reibeflächen, die roten Phosphor enthalten, entzünden lässt.

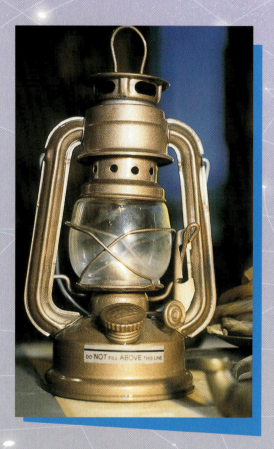

1 Das allererste Feuer ist wahrscheinlich durch einen Blitz entstanden, der in einen Baum eingeschlagen hatte. Dadurch lernten die Menschen, mit Holz Feuer zu machen. Aber dieses Brennmaterial ist sehr schnell verbraucht und erzeugt viel Rauch. Deshalb erfand man bald Lampen, die mit Fischöl, gehärtetem Tierfett oder Talg und später mit Petroleum gefüllt wurden.

2 Auch die ersten Kerzen waren aus Talg. Man hat sie in Notzeiten sogar gegessen. Aus Bienenwachs wurden ebenfalls Kerzen hergestellt. Sie haben den Vorteil, dass sie nicht ranzig werden und beim Abbrennen angenehm riechen. Die Dochte mussten allerdings in regelmäßigen Abständen gekürzt werden, damit sie nicht zu schnell abbrannten. Dafür verwendete man besondere Scheren.

3 Um die dunklen Abend- und Nachtstunden zu erhellen, brauchte man damals eine ganze Menge Kerzen: Reiche Haushalte verbrauchten davon bis zu 50 Kilogramm im Monat!

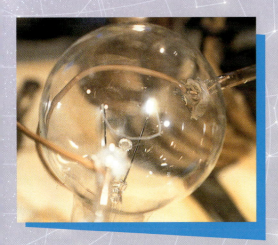

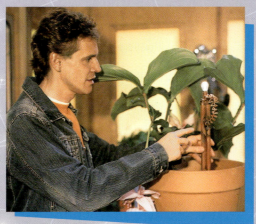

BLiTZ-Quiz
Wie hieß der Erfinder der Glühlampe (auch Glühbirne genannt)?

4 Vor etwa 200 Jahren hat man das Gaslicht erfunden. Das Gas wurde durch Rohre in Straßenlaternen und Wohnungen geleitet. Die Lampen mussten angezündet werden und brannten relativ gut. Obwohl man mit der Gaslaterne zufrieden war, wurde vor etwa 130 Jahren die Glühlampe erfunden. Zunächst fand sie keinen großen Anklang, denn die wenigsten Haushalte waren mit elektrischem Strom versorgt. Doch das sollte sich schon bald ändern.

5 Die Taschenlampe sollte ursprünglich nur zur Beleuchtung von Pflanzen dienen. Die ersten Konstruktionen bestanden aus einem Metallrohr, das Batterien und oben eine kleine Glühlampe enthielt.
Weil sie nicht so gut funktionierten, wurden sie weiterentwickelt: Man schützte die Glühlampe durch eine Glasscheibe und bot sie als tragbares elektrisches Licht an. Heute ist die Taschenlampe als Notlicht Bestandteil eines jeden Haushalts.

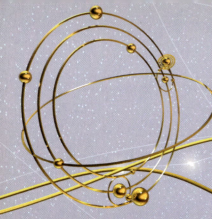

Leben im Rokoko: Luxus, ja oder nein?

Prachtvolle Schlösser, rauschende Feste und wunderschöne Roben: Das Rokoko muss herrlich gewesen sein – oder etwa nicht?

AHA!

Toiletten gab es noch nicht im Rokoko, man behalf sich mit Nachttöpfen, die man hinter einem Paravent benutzte. Die aufwändigen Kleider konnten nur mithilfe von Zofen angezogen werden. Deshalb war die Unterwäsche der Damen auch unten offen, sodass sie sich einfach nur hinhocken mussten.

1 Vor 250 Jahren trug der Adel Gewänder aus Samt und Seide. Die Frauenkleider hatten ausladende Reifröcke, die weit abstanden. So schön die Kleider auch aussahen – bequem waren sie nicht!

2 Gewaschen haben sich die Menschen damals so gut wie gar nicht. Gereinigt hat man sich nur mit einem trockenen Tuch. Der Schweißgestank wurde einfach mit Parfüm übertüncht.

3 In Versailles, dem berühmten französischen Schloss, soll es nur zwei Badewannen gegeben haben. Wegen der mangelnden Hygiene und der vielen Flöhe und Wanzen musste man sich häufig kratzen. Aber nicht mit der eigenen Hand, das war unfein. Dafür gab es Holzstäbchen, die wie lange Gabeln aussahen und Kratzer hießen. Am meisten juckte es unter den Perücken, die Frauen und Männer trugen.

BLITZ-QUIZ

Was waren die gängigen Transportmittel im Rokoko?

Störrische Spaghetti

Spaghetti scheinen ziemlich widerspenstig zu sein, denn sie lassen sich nicht ohne weiteres in zwei Teile zerbrechen.

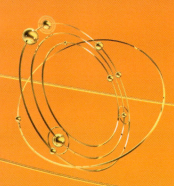

DU BRAUCHST:
- Ungekochte Spaghetti

1 Nimm eine ungekochte Spaghettinudel und versuche sie entzweizubrechen. Kein Problem, wirst du sagen. Aber es wird dir nicht gelingen, weil sie jedes Mal in mehr als nur zwei Teile zerbricht.

2 Wie kannst du es trotzdem schaffen, eine Spaghettinudel in zwei Stücke zu teilen? Ganz einfach: Verdrehe die Enden der Nudel vorsichtig gegeneinander und brich sie dann entzwei!

BLITZ-QUIZ
Woraus bestehen eigentlich Spaghetti?

Unzertrennliche Büroklammern

Büroklammern zu verketten, ist einfach.
Es geht aber auch mit einem Streifen Papier.
Und so funktioniert's:

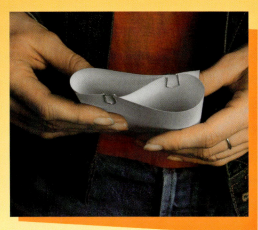

DU BRAUCHST:

- 1 Papierstreifen
- 2 Büroklammern

1 Nimm einen Papierstreifen und biege ihn s-förmig. Achte darauf, dass er breit genug ist, dann fällt es dir leichter.

2 Halte das Papier mit dem langen Ende zu dir. Stecke eine Büroklammer in die erste Biegung des Papiers, die nächste in die zweite.

BLITZ-QUIZ

Wann wurde die Büroklammer erfunden?

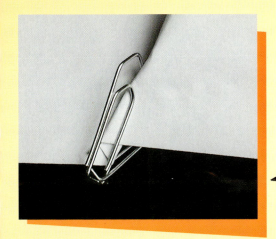

SCHON GEWUSST?

3 Jetzt ziehst du den Papierstreifen an beiden Enden auseinander. Ein Ruck, und die Büroklammern fallen zu Boden: Beim Aufheben siehst du, dass sie verkettet sind.

Wie der Trick funktioniert? Das Papier bewegt die beiden Büroklammern aufeinander zu und schiebt sie so übereinander, dass sie sich verhaken und ineinander verketten.

Orange wandert durch Briefmarke!

Eine große Frucht und ein winzig kleines Stück Papier – ob die Orange wohl durch die Briefmarke passt?

DU BRAUCHST:
- Orange
- Briefmarke
- Schere

1 Nimm die Briefmarke und falte sie in der Mitte. Einfacher geht der Trick, wenn die Briefmarke rechteckig ist. Aber er funktioniert auch mit einer quadratischen.

2 Schneide die Briefmarke abwechselnd einmal von oben und einmal von unten ein. Doch Vorsicht: Du darfst die Briefmarke nicht in der Mitte durchschneiden!

SCHON GEWUSST?

Seit fast jeder einen Computer zu Hause hat und E-Mails schreibt, werden immer weniger Briefe verschickt. Ist die Briefmarke etwa vom Aussterben bedroht? Eines steht jedenfalls fest: Seltene Marken können für Sammler sehr wertvoll sein!

3 Wenn du in der Mitte einen Steg übrig gelassen hast, kannst du die Briefmarke wie eine Ziehharmonika auseinander ziehen. Trotzdem: Noch sind die Zwischenräume zu klein, als dass eine Orange hindurchpassen würde!

4 Falte die Briefmarke wieder auseinander. Das ist nicht ganz einfach, weil sich die feinen Papierstreifen oft etwas ineinander verhaken. Anschließend schneidest du bis auf den ersten und letzten alle Stege im Falz durch.

BLITZ-QUIZ
Wie nennt man Briefmarkensammler fachsprachlich?

5 Jetzt musst du die Briefmarke nur noch vorsichtig auseinander ziehen, sodass ein Ring entsteht. Der ist endlich so groß, dass eine Orange hindurchpasst!

6 Lass die Orange durch den Ring wandern. Einfacher geht es, wenn dir ein Freund dabei hilft: Einer hält den Ring auf und der andere steckt die Orange hindurch.

Kann man ein rohes Ei schälen?

Ein gekochtes Ei zu schälen, ist einfach. Aber wie ist es möglich, die Schale von einem rohen Ei zu entfernen, ohne es zu beschädigen?

DU BRAUCHST:
- Rohes Hühnerei
- Glasschälchen
- Esslöffel
- Essig

BLITZ-QUIZ
Nicht nur in der Salatsoße ist Essig nützlich. Wo noch?

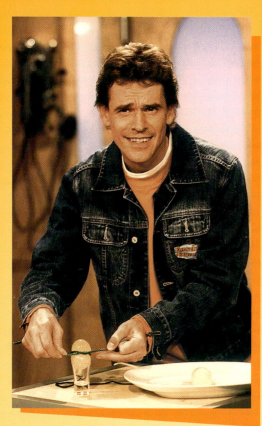

SAUER-EI!

1 Gieße den Essig in das Schälchen und lege das Ei mit dem Löffel hinein. Das Ei muss ganz mit Essig bedeckt sein. Lass das Ei mindestens 15 Stunden im Essig liegen. Beobachte zwischendurch, was geschieht: Kleine Luftbläschen steigen auf.

2 Nachdem du so lange geduldig gewartet hast, darfst du das Ei vorsichtig aus dem Glasschälchen nehmen – seine Schale ist völlig verschwunden. Nur eine dünne Haut hält das rohe Ei noch zusammen. Was ist passiert? Der Essig hat die Eierschale, die aus Kalk besteht, einfach aufgelöst!

Merkwürdige Mühlesteine

Das Mühlespielen macht dir Spaß – nur das anschließende Steineaufräumen nicht? Mit dieser Methode sind sie schnell sortiert!

DU BRAUCHST:
- Helle und dunkle Mühlesteine
- Tisch
- Lineal

1 Staple die hellen und dunklen Mühlesteine in abwechselnder Reihenfolge zu einem kleinen Turm. Halte danach das Lineal waagerecht ganz knapp über der Tischplatte.

2 Jetzt bewegst du das Lineal blitzschnell von rechts nach links durch den Turm, wobei du immer den untersten Stein wegschlägst. Überraschung! Dadurch fallen die Steine nach Farben sortiert rechts und links auf den Tisch.

BLITZ-QUIZ
Wie alt ist das Mühlespiel?

KANN ICH HELFEN?

Gurken sind echt der Hammer!

Gurken gehören eigentlich in den Salat. Aber wenn man es richtig anstellt, kann man sogar einen Nagel damit einschlagen …

DU BRAUCHST:
- Salatgurke
- Nagel
- Holzbrett
- Handschuhe

BLITZ-QUIZ

Nicht nur Gurken bestehen zu einem großen Teil aus Wasser. Wer oder was noch?

1 Eine Salatgurke ist doch viel zu weich, um damit einen Nagel einschlagen zu können. Hast du irgendeine Idee, wie man sie richtig schön hart bekommen könnte?

2 Dafür gibt es eine ganz einfache Lösung. Lege eine Salat- oder Feldgurke zwölf Stunden lang ins Gefrierfach. Schon bald wird deine Geduld belohnt werden!

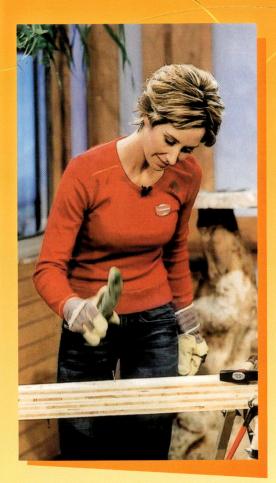

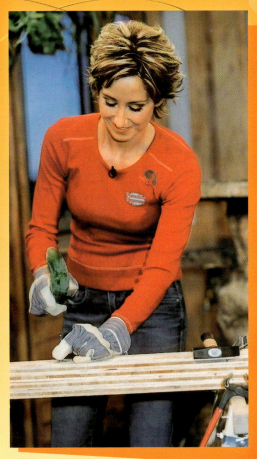

3 Jetzt ist es so weit: Zieh Handschuhe an, wenn du die Gurke aus dem Gefrierfach nimmst. Und, spürst du es schon? Die Gurke ist steinhart geworden.

4 Nun kannst du den Nagel mithilfe des selbst gebastelten Gurken-Hammers in das Brettchen schlagen. Unglaublich, zu was Gemüse alles gut sein kann!

AHA!

Aufgrund ihres hohen Wassergehalts sind Gurken echt der Hammer. Wasser besitzt außerdem eine ziemliche Sprengkraft: Wenn es gefriert, dehnt es sich um neun Prozent aus. Deshalb explodieren Getränkeflaschen, wenn man sie aus Versehen im Eisfach vergisst!

SCHON GEWUSST?

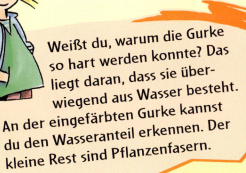

Weißt du, warum die Gurke so hart werden konnte? Das liegt daran, dass sie überwiegend aus Wasser besteht. An der eingefärbten Gurke kannst du den Wasseranteil erkennen. Der kleine Rest sind Pflanzenfasern.

Bezauberndes Becher-Ballett

Kannst du die Becher so umstellen, dass immer ein leerer neben einem vollen steht? Du darfst aber nur einen berühren!

DU BRAUCHST:
- 6 Becher oder Gläser
- Wasser oder Saft

BLITZ-QUIZ

Welche Flüssigkeit hat überhaupt keine Kalorien?

1 Stell die sechs Becher nebeneinander auf. Gieß Wasser oder Saft in drei nebeneinander stehende Becher. Ordne die Becher so, dass immer ein volles Gefäß neben einem leeren steht. Du darfst aber nur einen einzigen Becher bewegen.

2 Die Lösung ist ganz einfach: Schütte den Inhalt des mittleren Bechers in den mittleren leeren Becher. Nun steht immer ein voller Becher neben einem leeren und ein leerer neben einem vollen! Wer von deinen Freunden löst das Problem?

Der magische Malpinsel

Reis macht nicht nur in gekochtem Zustand stark – mithilfe der rohen Körner könnt ihr sogar ein Glas hochheben, ohne es anzufassen!

DU BRAUCHST:
- Einmachglas
- Reiskörner
- Pinsel mit unlackiertem Holzstiel

1 Schütte die Reiskörner in das Einmachglas. Schüttle das Glas ein wenig, damit sie sich gleichmäßig darin verteilen.

2 Als Nächstes steckst du den unlackierten Pinselstiel in das Glas und stocherst damit im Reis kräftig auf und ab.

BLITZ-QUIZ

Warum funktioniert der Trick nicht mit einem lackierten Pinsel?

SCHON GEWUSST?

Durch das Stochern mit dem Pinsel beginnen sich die Reiskörner im Glas zu verspreizen. Und zwar so fest, dass der Pinsel darin stecken bleibt und sich das Glas hochheben lässt.

3 Jetzt ist es so weit: Heb den Pinsel hoch ... und was ist passiert? Na, da staunst du: Das Einmachglas hängt am Pinsel, als wäre er magnetisch!

Die Befreiung der Knöpfe

Ist es möglich, einen Knopf durch ein Loch im Papier zu schieben, obwohl es eigentlich zu klein ist? Probier es aus!

DU BRAUCHST:
- Festes Papier
- 2 große Knöpfe
- Faden
- Bleistift
- Schere

1 Falte das Papier einmal in der Mitte. Lege den Knopf so darauf, dass der Falz genau durch seine Mitte verläuft, und zeichne seine Form nach.

2 Schneide ein Loch in das Papier, das etwas kleiner ist als der vorgezeichnete Umriss. Probier es aus: Der Knopf darf auf normalem Weg nicht durch das Loch passen.

SCHON GEWUSST?

Knöpfe gibt es seit etwa 700 Jahren. Knöpfe aus Korallen, Perlmutt, Perlen oder Edelsteinen waren früher wertvolle Schmuckstücke an der Kleidung des Adels. Das einfache Volk hatte Knöpfe aus Stoff oder Papier. Heute stellt man Knöpfe aus Kunststoff, Metall, Holz oder Horn her. Bis in das 19. Jahrhundert durften übrigens nur Männer Knöpfe verwenden!

BLITZ-QUIZ

Kennst du den Fachbegriff, mit dem man solche Gedulds- und Entwirrspiele bezeichnet?

3 Fädle einen Knopf auf den Faden auf. Schiebe die Fadenschlinge durch das Papier und binde am anderen Ende den zweiten Knopf fest.

4 Egal, an welchem Ende du jetzt ziehst: Die beiden Knöpfe sind an das Papier gekettet. Deine Aufgabe ist es jetzt, sie davon zu befreien, und zwar ohne Gewalt!

5 Was tun, wenn man das Papier nicht einreißen darf? Biege es, bis es sich leicht wölbt, und schiebe den Knopf durch das Loch. Fertig!

SCHON GEWUSST?

Wieso konnte der Knopf befreit werden? Das Loch ist schließlich gleich groß geblieben, denn der Umfang ist derselbe. Aber indem du das Papier biegst, verändert sich seine Form: Ein Oval entsteht, das breiter ist als der Kreis. Deshalb lässt sich der Knopf mühelos durch das Oval schieben.

Verwirrung der Gefühle

Gute oder schlechte Laune? Bastle dir ein Bild, das beide Stimmungen zeigt – und zwar je nachdem, wie herum du es hältst!

DU BRAUCHST:
- 2 gleiche Bilder mit einem großen, lachenden Gesicht, z. B. aus einer Zeitschrift, oder Kopien von Fotos
- Schere
- Klebstoff

1 Ein Bild bleibt, wie es ist. Aus dem anderen schneidest du Mund und Augen aus, aber so, dass ein bisschen Rand stehen bleibt.

2 Anschließend klebst du Augen und Mund wieder auf – nur diesmal verkehrt herum: Jetzt sieht das Gesicht ziemlich böse aus.

AHA!

Was, wenn du das bearbeitete Bild auf den Kopf stellst? Komischerweise meinen wir dann trotzdem: Hier hat jemand gute Laune. Denn sobald die Mundwinkel nach oben zeigen, erkennt das Gehirn ein lächelndes Gesicht. Auch wenn es eigentlich Furcht erregend aussieht!

Anhang

Blitz-Quiz: Lösungen

Seite 8–9:
Frage: Bei welchem Tier kann man die Funktion der Speiseröhre besonders gut beobachten?
Antwort: Bei der Schlange

Seite 10:
Frage: Wie heißt der berühmte Urvogel, dessen Fossil 1861 im bayerischen Solnhofen entdeckt wurde?
Antwort: Archaeopteryx

Seite 11:
Frage: Wo gibt es Bäume, die besonders viel Wasser abgeben können?
Antwort: In den Regenwäldern Südamerikas. Sie können auch besonders viel Feuchtigkeit aufnehmen.

Seite 12–13:
Frage: Wie nennt man die haarfeinen Kanäle in Blumenstängeln fachsprachlich?
Antwort: Xylem

Seite 14–15:
Frage: Welche Tiere sind nach den Elefanten die größten Landlebewesen?
Antwort: Nashörner

Seite 16–17
Frage: Wie orientieren sich Ratten im Dunkeln?
Antwort: Mithilfe ihrer Tasthaare

Seite 18:
Frage: Wie alt können Riesenschildkröten werden?
Antwort: Über 200 Jahre

Seite 20–21:
Frage: Wo kann man diese Art von Bildern noch entdecken?
Antwort: Auf Werbetafeln

Seite 22–23:
Frage: Wie nennt man es, wenn keine Luft mehr in der Flasche ist?
Antwort: Vakuum

Seite 24:
Frage: Wo kann man den Effekt der gleichmäßigen Druckverteilung im Alltag beobachten?
Antwort: Am Auto. Das Gewicht der Karosserie verteilt sich gleichmäßig auf die vier Reifen.

Seite 25:
Frage: Und, was meinst du? Funktioniert das Experiment auch mit Buntstiften und einem aufgeblasenen Luftballon?
Antwort: Leider nein! Anders als Tiefkühlbeutel sind Luftballons aus Gummi und nicht aus Plastik. Plastik zerplatzt nicht, aber Gummi schon.

Seite 26–27:
Frage: Wie kann man die Oberflächenspannung von Wasser auflösen?
Antwort: Mit einigen Tropfen Spülmittel. Wenn du sie in den Becher gibst, entknoten sich die Wasserstrahlen wieder. Probier es aus!

Seite 28:
Frage: Aus welchem federleichten Material bestehen eigentlich Pingpongbälle?
Antwort: Aus dem Kunststoff Zelluloid

Seite 29:
Frage: Wie kann man alte von frischen Eiern unterscheiden?
Antwort: Indem man sie ins Wasser legt. Ältere Eier schwimmen oben, weil die Luftblase durch Austrocknen von Dotter und Eiweiß größer geworden ist.

Seite 30–31:
Frage: Wo im Haushalt findet man ein Vakuum?
Antwort: Bei vakuumverpackten Lebensmitteln. Das Vakuum hemmt die Entwicklung von Bakterien, sodass sie nicht so schnell verderben.

Seite 32:
Frage: Wie nennt man den Vorgang, bei dem Krankheitserreger in der Rohmilch abgetötet werden?
Antwort: Pasteurisieren, nach dem französischen Bakteriologen Louis Pasteur (1822–1895). Dazu wird die Rohmilch kurz erhitzt.

Seite 33:
Frage: Drei Dinge müssen vorhanden sein, um Feuer zu machen. Welche sind das?
Antwort: Brennstoff, Hitze und Sauerstoff

Seite 34:
Frage: Welches Tier produziert solchen „Unterwasserrauch"?
Antwort: Der Tintenfisch, um seinen Verfolgern die Sicht zu vernebeln

Seite 35:
Frage: Wie heißen die Teilchen fachsprachlich?
Antwort: Alle Teilchen heißen Ionen; die negativ geladenen Anionen, die positiv geladenen Kationen.

Seite 36–37:
Frage: Wer hat von der stabilen Form des Eis gelernt?
Antwort: Architekten. Sie nutzen die ovale Form z. B. für Brücken.

Seite 38:
Frage: Welches Tier nutzt Unterdruck, um sich festzuhalten?

Antwort: Zum Beispiel der Tintenfisch. Seine Arme sind mit Saugnäpfen besetzt. Indem er die darin enthaltenen Muskeln zusammenzieht, erzeugt er einen Unterdruck und kann sich an Felsen festhalten.

Seite 39:
Frage: Warum erscheinen uns waagerechte Linien kürzer als senkrechte?
Antwort: Das hat mit der Bewegung unserer Augen zu tun. Es ist für uns einfacher, nach links und rechts zu schauen als nach oben und unten.

Seite 40:
Frage: Was fliegt schneller als der Schall?
Antwort: Ein Überschallflugzeug

Seite 42–43:
Frage: Zu welchem Zweck verwendet man die größten Luftkissenfahrzeuge?
Antwort: Als schnelle Autofähren, die z. B. zwischen England und dem Kontinent verkehren

Seite 44–45:
Frage: Wie kannst du die Papierwindmühle noch in Bewegung setzen?
Antwort: Stell sie auf den Heizkörper. Auch er verströmt warme Luft, die nach oben steigt.

Seite 48–49:
Frage: Wie nehmen Seerosen, im Gegensatz zu anderen Pflanzen, Wasser auf?
Antwort: Nicht über den Stiel, sondern hauptsächlich über die Blattunterseite

Seite 50:
Frage: Wo wird das Licht auch gebrochen?
Antwort: Im Objektiv des Fotoapparats

Seite 56:
Frage: Besitzen alle Narwale solch einen Zahn?
Antwort: Nein, nur die Männchen

Seite 57:
Frage: Warum verkünden eigentlich Kirchturmglocken die Zeit?
Antwort: Früher besaßen die Menschen keine eigenen Uhren – sie waren zu teuer. Die Glocken verkündeten die Uhrzeit, damit auch Leute, die den Kirchturm mit der Uhr nicht sehen konnten, wussten, wie spät es ist.

Seite 58–59:
Frage: Wie hieß der Erfinder der Glühbirne?
Antwort: Thomas Alva Edison (1847–1931)

Seite 60:
Frage: Was waren die gängigen Transportmittel im Rokoko?
Antwort: Pferde und Kutschen

Seite 62:
Frage: Woraus bestehen eigentlich Spaghetti?
Antwort: Aus gemahlenem Getreide und Wasser

Seite 63:
Frage: Wann wurde die Büroklammer erfunden?
Antwort: 1901 von dem in Deutschland lebenden Norweger Johann Vaaler. Endlich konnte man Papier zusammenheften, ohne es zu beschädigen.

Seite 64–65:
Frage: Wie nennt man Briefmarkensammler fachsprachlich?
Antwort: Philatelisten

Seite 66:
Frage: Nicht nur in der Salatsoße ist Essig nützlich. Wo noch?
Antwort: Er löst z. B. den Kalk im Wasserkocher.

Seite 67:
Frage: Wie alt ist das Mühlespiel?
Antwort: 3000 Jahre! Erfunden wurde es wahrscheinlich im alten Ägypten.

Seite 68–69:
Frage: Nicht nur Gurken bestehen zu einem großen Teil aus Wasser. Wer oder was noch?
Antwort: Auch wir Menschen bestehen zu einem großen Teil aus Wasser, nämlich zu über 60 Prozent.

Seite 70:
Frage: Welche Flüssigkeit hat überhaupt keine Kalorien?
Antwort: Wasser

Seite 71:
Frage: Warum funktioniert der Trick nicht mit einem lackierten Pinsel?
Antwort: Die lackierte Oberfläche ist so glatt, dass sie keinen Halt zwischen den verspreizten Reiskörnern findet.

Seite 72–73:
Frage: Kennst du den Fachbegriff, mit dem man solche Gedulds- und Entwirrspiele bezeichnet?
Antwort: Vexierspiel. Der Begriff kommt vom Lateinischen „vexare", und das heißt „an der Nase herumführen", „foppen".

Register

A
Anionen 76
Archaeopteryx 76
Autofähren 77

B
Bakterien 76
Becher 70
Bernoulli-Prinzip 28
Blumen 12
Briefmarke 64–65, 77
Büroklammern 63, 77
Butter 32

D
Druckverteilung 24, 76

E
Edelgase 33
Edison, Thomas Alva 77
Eier 29, 36–37, 66, 76
Einhörner 56
Eizahn 37
Elefanten 14–15, 76
Elektrostatik 35

Elfenbein 15
Erdanziehungskraft 31
Essig 66, 77

F
Farbstoffe 13, 54
Fasern 49
Feuer 76
Fossilien 10, 76
Fotoapparat 77
Fürstenbecher 56

G
Glockenklang 40, 57
Glühlampe 59, 77
Gurken 68–69, 77

I
Ionen 76

K
Kakteen 11, 18
Kalk 66
Kationen 76

Kerze 46–47, 58
Kirchturmglocken 57
Knöpfe 72–73
Konservieren 54
Kopfstand 8–9

L
Licht 58–59, 77
Lichtbrechung 50
Linsenraster-Postkarte 21
Löschkanone 46–47
Luft 29, 30, 31, 33, 38
Luftballons 24, 30, 31, 76
Luftdruck 23, 28, 31, 38
Luftkissenfahrzeug 42–43, 77
Luftwirbel 47
Lupe 50

M
Milch 32, 54, 77
Mittelalter 52–55
Mühlesteine 67, 77

N
Narwal 56, 77
Nashörner 76

O
Oberflächenspannung 26, 27
Optische Täuschung 39, 74, 77
Orange 64–65, 77

P
Papierseerosen 48–49, 77
Papierwindmühle 44–45, 77
Pasteur, Louis 76
Perücke 60
Pest 16
Petroleumlampe 58
Pingpongball 28, 76
Pinsel 71, 77
Plastikflasche 22–23, 38, 76

R
Ratten 16–17, 76
Regenwälder 76
Reibung 43
Reifröcke 60
Reis 71, 77
Riesenschildkröten 18, 76
Ritter 52–55
Rokoko 60, 77

S
Sauerstoff 33
Schall 40
Schlange 35, 76

Schlucken 8–9
Schokoküsse 30, 31
Schwerkraft 8
Schwitzen 11, 15
Spaghetti 62, 77
Steine 10

Stickstoff 33
Strahlung, radioaktive 10
Streichholz 58

T
Taschenlampe 59
Tasthaare 76
Teilchen, elektrische 35
Tiefkühlbeutel 11, 25, 76
Tintenfisch 76, 77
Tischmanieren 53
Trinken 8–9

U
Überschallflugzeug 77
Uhren 57
Unterdruck 38
Unterwasserrauch 34, 76
Urvogel 10, 76

V
Vakuum 30–31, 76
Versailles 60
Verspreizung 71
Vexierspiel 77

W
Wackelbild 20–21, 76
Wärme 45, 77
Wasser 26, 27, 33, 38, 39, 49, 50, 68, 69, 77

X
Xylem 76

Z
Zeit 57
Zelluloid 76

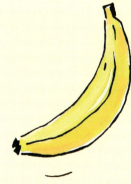

Thomas Brezina, Autor so erfolgreicher Buchserien wie „Die Knickerbocker-Bande", „Pssst! Unser Geheimnis" und „Sieben Pfoten für Penny", die bereits in 32 Sprachen übersetzt sind, hat sich auch als Sachbuchautor einen Namen gemacht: Er gestaltete Chemie- und Physikbücher, bearbeitete das Leben berühmter Komponisten für das Theater und die Schule, stellte Kindern die Ziele der Europäischen Union verständlich dar und setzt sich mit dem Thema Kunst für Kinder auseinander.
Seit 1996 ist er UNICEF-Botschafter Österreichs und tritt besonders für die Rechte der Kinder und für Schulprojekte ein.

Unseren herzlichsten Dank für die Unterstützung beim Zustandekommen des Buches an:
Purzl Klingohr, Fa. Interspot, Wien; Dr. Heinz Mayer, Fa. Interspot, Wien;
Norbert Wuchte und sein Team, Wien
Renate Kasza, Story & Co GmbH, Wien
Unser besonderer Dank gilt Kati Bellowitsch und Thomas Brezina.

Bibliografische Information Der Deutschen Bibliothek

Die Deutsche Bibliothek verzeichnet diese Publikation in der Deutschen Nationalbibliografie; detaillierte bibliografische Daten sind im Internet über http://dnb.ddb.de abrufbar.

3 2 1   07 06 05

© 2005 Ravensburger Buchverlag Otto Maier GmbH, Postfach 1860, 88188 Ravensburg für die deutsche Ausgabe
Alle Rechte, auch die des auszugsweisen Nachdrucks, der fotomechanischen Wiedergabe und der Übersetzung, vorbehalten.
Redaktion: Christiane Burkhardt, Gisela Witt, München
Gesamtgestaltung: Sabine Dohme, München
Illustrationen: Birgit Rieger, Berlin
Computeranimierte Abbildungen: Norbert Wuchte, Wien
Fotos: Miguel Dieterich / ECHO, Christian Jobst / ECHO, Pietro Germano
Logo Forscherexpress: Fa. Interspot
Umschlaggestaltung: Norbert Wuchte
Printed in Germany
ISBN 3-473-55109-0

www.thomasbrezina.com
www.ravensburger.de
www.forscherexpress.at